केदारनाथ सिंह

केदारनाथ सिंह का जन्म सन् 1934 में बलिया, उत्तर प्रदेश के चकिया गाँव में हुआ। आरम्भिक शिक्षा गाँव में, बाद की शिक्षा हाईस्कूल से एम.ए. तक वाराणसी में। आधुनिक हिन्दी कविता में बिम्बविधान विषय पर सन् 1964 में पीएच.डी. प्राप्त की।

विधिवत् काव्य-लेखन सन् 1952-53 के आसपास शुरू हुआ। कुछ समय तक बनारस से निकलनेवाली अनियतकालिक पत्रिका हमारी पीढ़ी से सम्बद्ध रहे।

पहला कविता-संग्रह अभी, बिलकुल अभी सन् 1960 में प्रकाशित। उसी वर्ष प्रकाशित तीसरा सप्तक के सहयोगी कवियों में से एक।

पेशे से अध्यापक रहे केदारजी के कार्यक्षेत्र का प्रसार महानगर से ठेठ ग्रामांचल तक रहा। सन् 1976 से 1999 तक जवाहरलाल नेहरू विश्वविद्यालय के भारतीय भाषा केन्द्र में अध्यापन और सम्प्रति उससे प्रोफेसर एमिरिटस के रूप में सम्बद्ध रहे।

वे अनेक पुरस्कारों से सम्मानित हुए जिनमें प्रमुख हैं : ज्ञानपीठ पुरस्कार, साहित्य अकादेमी पुरस्कार, व्यास सम्मान, मैथिलीशरण गुप्त सम्मान (मध्य प्रदेश), कुमारन आशान पुरस्कार (केरल), दिनकर पुरस्कार (बिहार), जीवन भारती सम्मान, भारत भारती सम्मान, गंगाधर मेहर राष्ट्रीय कविता सम्मान (उड़ीसा), जाशुआ सम्मान (आन्ध्र प्रदेश) आदि।

कई विदेशी तथा प्राय: सभी प्रमुख भारतीय भाषाओं में कविताओं के अनुवाद। फ्रेंच तथा इतालवी में बाघ शीर्षक लम्बी कविता के अनुवाद पुस्तकाकार प्रकाशित।

प्रकाशित कृतियाँ : अभी, बिलकुल अभी, ज़मीन पक रही है, यहाँ से देखो, अकाल में सारस, उत्तर कबीर और अन्य कविताएँ, तालस्ताय और साइकिल, बाघ, सृष्टि पर पहरा, मतदान केन्द्र पर झपकी, प्रतिनिधि कविताएँ (काव्य-संग्रह)। कल्पना और छायावाद, आधुनिक हिन्दी कविता में बिम्बविधान, मेरे समय के शब्द, कब्रिस्तान में पंचायत (गद्य-कृतियाँ) तथा मेरे साक्षात्कार (संवाद)।

निधन : 19 मार्च, 2018

प्रतिनिधि कविताएँ

केदारनाथ सिंह

सम्पादक
परमानन्द श्रीवास्तव
अनिल त्रिपाठी

राजकमल पेपरबैक्स

राजकमल पेपरबैक्स में
पहला संस्करण : 1985
पन्द्रहवाँ संस्करण : 2024

राजकमल पेपरबैक्स : उत्कृष्ट साहित्य के जनसुलभ संस्करण

राजकमल प्रकाशन प्रा.लि.
1-बी, नेताजी सुभाष मार्ग, दरियागंज
नई दिल्ली-110 002
द्वारा प्रकाशित

शाखाएँ : अशोक राजपथ, साइंस कॉलेज के सामने, पटना-800 006
पहली मंजिल, दरबारी बिल्डिंग, महात्मा गांधी मार्ग, प्रयागराज-211 001
1, अनमोल सोराबजी संतुक लेन, धोबी तलाव, मरीन लाइंस, मुम्बई-400 002
वेबसाइट : www.rajkamalprakashan.com
ई-मेल : info@rajkamalprakashan.com

बी.के. ऑफसेट
नवीन शाहदरा, दिल्ली-110 032
द्वारा मुद्रित

मूल्य : ₹199

PRATINIDHI KAVITAYEN
Representative Poems of Kedarnath Singh
Edited by Parmanand Srivastav, Anil Tripathi

ISBN : 978-81-267-2413-0

भूमिका

केदारनाथ सिंह की कविताओं का मैं एक लम्बे समय से पाठक रहा हूँ और संयोगवश बहुत-सी कविताओं का प्रथम श्रोता भी। इस नाते इस संग्रह के लिए इन कविताओं की चयन-प्रक्रिया से गुजरना एक तरह का पुनरावलोकन भी रहा है और साथ ही एक समग्र सौन्दर्य-लोक के पुनः साक्षात्कार का उत्तेजक अनुभव भी। मेरे चयन के मुख्यतः तीन स्रोत रहे हैं–कवि के प्रकाशित काव्य-संग्रह, कुछ पत्र-पत्रिकाएँ तथा कवि की नई-पुरानी प्रकाशित कविताओं की पांडुलिपि। पाठक देखेंगे कि इस चयन में पूर्व-परिचित पुरानी कविताओं के साथ-साथ नई कविताओं का अनुपात भी अच्छा-ख़ासा है, जो यहाँ पहली बार संकलित हो रही हैं। इस चयन से गुज़रते समय जिस बात ने मेरा ध्यान विशेष रूप से आकृष्ट किया, वह है–कवि के अनुभव-क्षेत्र का विस्तार। केदारनाथ सिंह शायद हिन्दी के समकालीन काव्य-परिदृश्य में अकेले ऐसे कवि हैं, जो एक ही साथ गाँव के भी कवि हैं और शहर के भी। अनुभव के ये दोनों छोर कई बार उनकी कविता में एक ही साथ और एक ही समय दिखाई पड़ते हैं। शायद भारतीय अनुभव की यह अपनी एक विशेष बनावट है जिसे नकारकर सच्ची भारतीय कविता नहीं लिखी जा सकती।

केदार की कविता जो पहली बार रूप या तन्त्र के धरातल पर एक आकर्षक विस्मय पैदा करती है क्रमशः बिम्ब और विचार के संगठन में मूर्त होती है और एक तीखी बेलौस सच्चाई की तरह पूरे सामाजिक दृश्य पर अंकित होती चली जाती है। केदार कल्पना का इस्तेमाल ज़रूर करते हैं और देखा जाए, तो कल्पना की जो पूँजी उनके यहाँ है, वह उनके सुपरिचित समकालीनों के यहाँ विरल है। पर कल्पना का इस्तेमाल वे ज़मीन-आसमान के कुलाबे मिलाने के लिए नहीं करते, परिवेश की

जटिल वास्तविकताओं को अधिक तीखे अर्थ में ग्राह्य बनाने के लिए करते हैं। उनकी कविता को नाम देने के लिए शास्त्र की दुनिया में जाने की ज़रूरत नहीं, सीधे हाट-बाजार में निकलने की ज़रूरत है, जहाँ केदार की कविता है। जहाँ भाषा ढलती है, सीधे वहीं से केदार की कविता अपना समग्र जीवन अथवा जीवन शक्ति प्राप्त करती है।

केदार की कविताएँ समय में देर तक टिकनेवाली कविताएँ हैं। कविता के आन्दोलन, कविता के मतवाद आते-जाते रहते हैं—केदार की कविता हर दौर में प्रासंगिक बनी रहती है और नया अर्थ प्राप्त करती है। केदार के काव्य-संसार से गुज़रनेवाले पाठक के मन में कुछ सवाल ज़रूर पैदा होंगे—मसलन, वह कौन-सा तत्त्व है जो इन कविताओं में एक आदिम लगाव को कायम रखे हुए है, कौन-सा तत्त्व है जो इनमें एक क्लासिकी ठोसपन पैदा करता है, कौन-सी चीज़ है, जो इनमें एक अद्‌भुत गीतात्मकता का संचार करती है और अन्ततः वह कौन-सी चीज़ है जो इन कविताओं को एक गहरे समसामयिक सन्दर्भ से सम्पृक्त करती है?

केदार की कविताओं की दुनिया एक ऐसी दुनिया है जिसमें रंग, रोशनी, रूप, गन्ध, दृश्य एक-दूसरे में खो जाते हैं। पर यही दुनिया है, जिसमें कविता का 'कमिटमेंट' खो नहीं जाता—वहाँ हमें कविता के मूल सरोकार, कविता की बुनियादी चिन्ता, कविता का कथ्य या सन्देश (बेशक स्थूल अर्थ में नहीं) पूरी तीव्रता के साथ ध्वनित या स्पन्दित रहता है। केदार की कविता किसी अर्थ में एकालाप नहीं, वह हर हालत में एक सार्थक संवाद है। वह एक पूरे समय की व्यवस्था और उसकी क्रूर जड़ता या स्तब्धता को विचलित करती है। चुप्पी और शब्द के रिश्ते को वह बख़ूबी पहचानती है और उसे एक ऐसी काव्यात्मक चरितार्थता या विश्वसनीयता देती है, जिसके उदाहरण कम मिलते हैं। केदार की कविताएँ वास्तविकता का बयान होकर नहीं रहतीं, वे लगातार वास्तविकता के तल में छिपी हुई किसी उथल-पुथल की ओर इशारा करती हैं। उनके यहाँ खलिहान से उठते हुए दानों की आवाज़ है, जो मंडी जाने से इनकार करते हैं, मनुष्य के ख़ाली सिर हैं, जो अपने बोझे का इन्तज़ार कर रहे हैं, रोहू मछली की डब-डब आँखें हैं, जिसमें जीने की अपार तरलता है और अन्ततः वह बेचैन धूल है जो कवि के यक़ीन को अब भी बचाए हुए है—"नमक में, पानी में, पृथ्वी के भविष्य में और दन्त-कथाओं में।"

केदार की कविता उन्हीं के द्वारा रचित 'बाघ' की उस चिन्ता की तरह है, जो सूर्यास्त के बाद कहीं दूर से बस्ती को देखता है और इस बात से परेशान है कि आज वहाँ धुआँ क्यों नहीं उठ रहा! कविता की सुपरिचित दुनिया का यह विवाद-भरा धुआँ केदार की कविता में किस तरह जीवन का सूचक बन जाता है, इस कलात्मक-कौशल की पड़ताल दिलचस्प हो सकती है।

केदारनाथ सिंह की काव्य-यात्रा के लम्बे परिदृश्य से चुनी गई इन कविताओं के पाठक देख सकेंगे कि कुछ दूर चलकर उनकी कविता में एक काव्य-रूप की पहचान बनती है, एक ढंग बनता है, जिसे ख़ासतौर पर उनकी सोच और उनके व्यक्तित्व से जोड़कर देखा जा सकता है। फिर यकायक कविता का रूप और आकार बदल जाता है और पाठक को उससे तुरन्त तादात्म्य स्थापित करने में कठिनाई होती है, वक़्त लगता है। फिर यह भी छिपा नहीं रहता कि ऐसे हर बदलाव के पीछे यहाँ एक गहरी नैतिक बाध्यता काम करती है, फ़ैशन नहीं। केदार के यहाँ 'हाँ या नहीं', 'क्या' या 'क्यों' जैसे शब्द कामचलाऊ शब्द नहीं हैं। वे पूरे अर्थ में जीवित शब्द हैं, जो कभी-कभी ख़तरनाक सरलता की हद तक जाकर अपना अलग अस्तित्व या प्रयोजन सिद्ध करते हैं। कामकाज, घर-हाट, खेत-खलिहान, गर्द-ग़ुबार की दुनिया में धुँधले पड़े मामूली शब्द, इस्तेमाल की मामूली चीज़ें, प्रकृति-लोक के नगण्य तथ्य केदार की कविता में अपना वजूद प्रमाणित करते हैं। कविता में उनका आना अक्सर अप्रत्याशित होता है, लेकिन फिर वे केदार के काव्य-गठन में अपने मामूलीपन में भी अर्थपूर्ण और अनिवार्य लगने लगते हैं। केदार कविता-यात्रा के हर प्रस्थान-बिन्दु पर कोई कठिन चट्टान तोड़ते हैं जो सुन्दर हो जाती है कोई और कठिन चट्टान तोड़ते हैं जो और सुन्दर होती चली जाती है। ऊर्जा और कला का यह सार्थक संगठन केदार की एक ख़ासियत है जिसे पाठक अलग से पहचान सकते हैं।

इस चयन की सबसे लम्बी कविता 'बाघ' है, जिसका रचना-समय 1984 रेखांकित करने योग्य है। 'बाघ' एक ऐसी कविता है, जो रूप के भीतर निहित रूप जैसी जटिल अर्थ-संरचना का आभास करती है। इसका कथ्य अनेक खंडों में अनेक शिल्प-स्तरों पर क्रमशः विकसित होता है। पंचतंत्र की आधार-शैली से हल्का-सा लाभ उठाने की कोशिश

कराती यह कविता आधुनिक जीवन और समय की जटिल वास्तविकता को अत्यन्त अर्थसघन रूप में प्रस्तुत करती है। इस ढलती हुई शताब्दी के सौन्दर्य और आतंक को एक ही बिन्दु पर जीने और महसूस करने के लम्बे प्रयत्न के रूप में घटित यह कविता लम्बे समय तक पाठक को आस्वाद और विश्लेषण का आमन्त्रण देती रहेगी और एक विलक्षण उत्तेजना भी।

प्रसंगवश, यहाँ यह स्पष्ट करना ज़रूरी है कि इस चयन में कुछ कविताओं के पाठ-रूप शायद कहीं-कहीं पूर्व-प्रकाशित पाठ-रूपों से भिन्न जान पड़ें। ऐसा कवि के निर्देशानुसार किया गया है। इसी तरह कविताओं की रचना-तिथि का उल्लेख भी कवि से प्राप्त जानकारी के आधार पर ही किया गया है। कविताओं के चयन में सम्पादक की अपनी रुचि और दृष्टि की निर्णायक भूमिका हो सकती है, पर इस तथ्य का उल्लेख आवश्यक है कि अन्तिम चयन, कुछ एक अपवादों को छोड़कर, कवि की सहमति और स्वीकृति के आधार पर ही किया गया है।

--परमानन्द श्रीवास्तव

परिवर्द्धित संस्करण के बारे में

एक लम्बे अर्से से केदारनाथ सिंह की प्रतिनिधि कविताओं के परिवर्द्धित संस्करण की आवश्यकता महसूस हो रही थी। इसका पहला संस्करण जब 1985 में छपा था, तब तक 'तीसरा सप्तक' में शामिल कविताओं के अलावा केदार जी के तीन काव्य संग्रह ही प्रकाशित हुए थे। 'अभी बिलकुल अभी' (1960), 'जमीन पक रही है' (1980) और 'यहाँ से देखो' (1983)। नई कविता की जमीन को तोड़ती ये कविताएँ अपने ऐन्द्रिय बिम्ब-संवेदन, तीव्र जातीय बोध और शिल्पसिद्धि के कारण तत्कालीन हिन्दी कविता की विशिष्ट उपलब्धि के तौर पर प्रतिष्ठित हो चुकी थीं। लिहाजा इसी दौर की अधिकांश कविताओं को उस समय, 'प्रतिनिधि कविताएँ' संग्रह में संकलित किया गया था।

लेकिन बाद में जो संग्रह प्रकाशित हुए–'अकाल में सारस' (1988), 'उत्तर कबीर और अन्य कविताएँ' (1995), 'बाघ' (1996), 'तालस्ताय और साइकिल' (2005), उनमें न केवल कवि के भावबोध का विस्तार दिखाई देता है, बल्कि उनमें निहित बहुध्वन्यात्मकता और बहुस्तरीयता ने जिस तरह कविता को स्थानीयता के साथ वैश्विक परिदृश्य के सरोकारों से जोड़ा है, वह बेहद महत्त्वपूर्ण है। 'तालस्ताय और साइकिल' में ऐसी अनेक कविताएँ हैं। 'बाघ' जो कि पंचतंत्र से प्रेरणा लेकर लिखी गई एक लम्बी कविता है, वह केवल पर्यावरण की चिन्ता तक सीमित नहीं है, बल्कि उसके विभिन्न खंडों में अन्तर्निहित बहुलार्थकता एक नई सभ्यता-समीक्षा भी रचती है। निस्सन्देह इस कृति ने समकालीन भारतीय कविता को एक सर्वथा नया आयाम दिया है।

जाहिर है, बाद वाले संग्रहों की कविताएँ 'प्रतिनिधि कविताएँ' में शामिल नहीं थीं। इसलिए जब मेरे सामने प्रतिनिधि कविताओं के

परिवर्द्धन का प्रस्ताव आया तो पहली चुनौती यही थी कि एक निश्चित पृष्ठ सीमा के भीतर किन कविताओं को रखा जाए और किसे छोड़ा जाए। एक अन्य महत्त्वपूर्ण तथ्य मेरे समक्ष यह भी था कि इस संचयन का पहला प्रारूप आदरणीय डॉ. परमानन्द श्रीवास्तव ने तैयार किया था। उनकी अस्वस्थता के चलते यह कार्य मुझे सौंपा गया। मैंने कोशिश की है कि उन्होंने चयन का जो मानदंड स्थिर किया, उसको यथासम्भव बनाए रखा जाए।

पर्याप्त सोच विचार के बाद इस परिवर्द्धित संस्करण का अन्तिम प्रारूप तैयार होकर आपके सामने है। कोशिश यही रही है कि इसमें कवि के काव्य व्यक्तित्व का हर रंग मौजूद रहे। इस चयन के लिए कवि से आवश्यक स्वीकृति और सहमति प्राप्त कर ली गई है। कविता के अन्त में दिया गया रचनाकाल कवि से उपलब्ध जानकारी के आधार पर दिया गया हैं। यह तथ्य भी उल्लेखनीय है कि 'बाघ' लम्बी कविता के कुल इक्कीस खंडों में से चुने हुए केवल नौ खंड ही यहाँ शामिल हैं जो कि पूर्व से किंचित् भिन्न है। चयन करते समय इस बात का ध्यान रखा गया है कि पाठों में उपस्थित आन्तरिक एक-सूत्रता न टूटे।

—अनिल त्रिपाठी

अनुक्रम

मातृभाषा

जैसे चींटियाँ लौटती हैं
बिलों में
कठफोड़वा लौटता है
काठ के पास
वायुयान लौटते हैं एक के बाद एक
लाल आसमान में डैने पसारे हुए
हवाई अड्डे की ओर

ओ मेरी भाषा
मैं लौटता हूँ तुममें
जब चुप रहते-रहते
अकड़ जाती है मेरी जीभ
दुखने लगती है
मेरी आत्मा

1987

विद्रोह

आज घर में घुसा
तो वहाँ अजब दृश्य था
'सुनिये'–मेरे बिस्तर ने कहा–
यह रहा मेरा इस्तीफ़ा
मैं अपने कपास के भीतर
वापस जाना चाहता हूँ

उधर कुर्सी और मेज़ का
एक संयुक्त मोर्चा था
दोनों तड़पकर बोले–

जी—अब बहुत हो चुका
आपको सहते-सहते
हमें बेतरह याद आ रहे हैं हमारे पेड़
और उनके भीतर का वह ज़िन्दा द्रव
जिसकी हत्या कर दी है आपने

उधर आलमारी में बन्द
किताबें चिल्ला रही थीं
खोल दो—हमें खोल दो
हम जाना चाहती हैं अपने बाँस के जंगल
और मिलना चाहती हैं
अपने बिच्छुओं के डंक
और साँपों के चुम्बन से

पर सबसे अधिक नाराज़ थी वह शाल
जिसे अभी कुछ दिन पहले
कुल्लू से खरीद लाया था
बोली—साहब!
आप तो बड़े साहब निकले
मेरा दुम्बा भेंड़ा मुझे कब से पुकार रहा है
और आप हैं कि अपनी देह की क़ैद में
लपेटे हुए हैं मुझे

उधर टी.वी. और फोन का
बुरा हाल था
ज़ोर-ज़ोर से कुछ कह रहे थे वे
पर उनकी भाषा
मेरी समझ से परे थी

—कि तभी
नल से टपकता पानी तड़पा—
अब तो हद हो गई साहब!
अगर सुन सकें तो सुन लीजिए
इन बूँदों की आवाज़—
कि अब हम

यानी आपके सारे के सारे क़ैदी
आदमी की जेल से
मुक्त होना चाहते हैं

अब जा कहाँ रहे हैं–
मेरा दरवाज़ा कड़का
जब मैं बाहर निकल रहा था।

पानी की प्रार्थना

प्रभु,
मैं–पानी–पृथ्वी का
प्राचीनतम नागरिक
आपसे कुछ कहने की अनुमति चाहता हूँ
यदि समय हो तो पिछले एक दिन का
हिसाब दूँ आपको

अब देखिए न
इतने दिनों बाद कल मेरे तट पर
एक चील आई
प्रभु, कितनी कम चीलें
दिखती हैं आजकल
आपको तो पता होगा
कहाँ गईं वे!
पर जैसे भी हो
कल एक वो आई
और बैठ गई मेरे बाज़ू में
पहले चौंककर उसने इधर–उधर देखा
फिर अपनी लम्बी चोंच गड़ा दी मेरे सीने में
और यह मुझे अच्छा लगता रहा प्रभु
लगता रहा जैसे घूँट–घूँट
मेरा जन्मान्तर हो रहा है एक चील के कंठ में
कंठ से रक्त में
रक्त से फिर एक नई चील में!
फिर काफ़ी समय बाद

दिन के कोई तीसरे पहर
एक जानवर आया हकासा-पियासा
और मुझे पीने लगा चभर-चभर
इस अशिष्ट आवाज़ के लिए
क्षमा करें प्रभु,
यह एक पशु के आनन्द की आवाज़ थी
जिससे बेहतर कुछ नहीं था उसके जबड़ों के पास

इस बीच बहुत-से चिरई-चुरुंग
मानुष-अमानुष
सब गुज़रते रहे मेरे पास से होकर
बल्कि एक बार तो ऐसा लगा
कि सूरज के सातों घोड़े उतर आए हैं—
मेरे क़रीब—प्यास से बेहाल
पर असल में जो आया
वह एक चरवाहा था
अब कैसे बताऊँ प्रभु—क्योंकि आपको तो
प्यास कभी लगती नहीं—
कि वह कितना प्यासा था
फिर ऐसा हुआ कि उसने हड़बड़ी में
मुझे चुल्लूभर उठाया
और क्या जाने क्या
उसे दिख गया मेरे भीतर
कि हिल उठा वह
और पूरा का पूरा मैं गिर पड़ा नीचे
शर्मिन्दा हूँ प्रभु,
और इस घटना पर हिल रहा हूँ अब तक
पर कोई करे भी तो क्या
समय ही कुछ ऐसा है
कि पानी नदी में हो
या किसी चेहरे पर
झाँककर देखो तो तल में कचरा
कहीं दिख ही जाता है!

अन्त में प्रभु,
अन्तिम लेकिन सबसे ज़रूरी बात
वहाँ होंगे मेरे भाई-बन्धु
मंगल ग्रह या चाँद पर
पर यहाँ पृथ्वी पर मैं
यानी आपका मुँहलगा यह पानी
अब दुर्लभ होने के कगार तक
पहुँच चुका है

पर चिन्ता की कोई बात नहीं
यह बाज़ारों का समय है
और वहाँ किसी रहस्यमय स्रोत से
मैं हमेशा मौजूद हूँ

पर अपराध क्षमा हो प्रभु,
और यदि मैं झूठ बोलूँ
तो जलकर हो जाऊँ राख
कहते हैं इसमें–
आपकी भी सहमति है!

2001

पानी था मैं

कभी पानी था मैं
बस इतना याद है
कि एक दिन एक कटोरे से गिरा
और ज़मीन ने मुझे पी लिया
जबकि एक बकरी उदास तकती रही मुझे
फिर मैं टहलता हुआ चला गया
गेहूँ की जड़ों में
और उसके दानों में सोता रहा हफ़्तों-महीनों
उठा तो पाया अब एक और ही दुनिया है
जहाँ बदल गया हूँ मैं हवा की साँय-साँय में
इस बदले हुए भेस में
रात-रातभर सड़कों पर घूमता रहा अकेला
और खटखटाता रहा दरवाज़े

सुबह होने पर छिप जाता था
किसी मंजन की डिब्बी
या ब्रश के रेशों में
एक सुबह मैंने एक स्त्री को चौंका दिया
यह कहकर कि मैडम मुझे देखिए तो सही
मैं वही हूँ जो कल आपके गिलास में था
एक साधु से कहा–
बाबा, कभी मुझे भी तो लाओ अपने ध्यान में
आपकी अंजलि से गिर पड़ा मंत्र हूँ मैं
एक रात एक बच्चे ने मुझे सपने में देखा
और ज़ोर से चिपक गया माँ के स्तनों से
वहाँ ज़रा-सा अब भी मौजूद था मैं
पसीने की शक्ल में!
पर एक दिन तो ग़ज़ब हुआ
हूँ तो साँय-साँय ही!
ग़लती से घुस गया संसद-भवन में
घुसते ही लगा–कोई तड़पकर पूछ रहा है
मिस्टर साँय-साँय
आपकी हिम्मत कैसे हुई?
आप घुस कैसे आए इस पवित्र-भवन में?
पर भला हो उस पुलिसवाले का
कि उसने मुझे देखा तक नहीं
और इस तरह उसकी गोली से
बच गया मैं

पर क्या सचमुच बच गया?
दावे के साथ मैं कुछ नहीं कह सकता
क्योंकि अगर कुछ याद है
तो सिर्फ़ इतना कि पहले पानी था
अब साँय-साँय हूँ

पर कभी-कभी कहीं भीतर
जब हो जाता हूँ बेचैन
तो अपनी ही तलाश में भागता हुआ चला जाता हूँ

किसी नारियल के पास
और उसके अन्दर सुनता हुआ जैसे अपनी ही आवाज़
पीटता हूँ घंटों
उसके बन्द किवाड़... 2001

पांडुलिपियाँ

भूरी और उदास
वह एक जर्जर-सी पांडुलिपि थी
शायद पिछली सदी की

इतनी जर्जर थी वह
कि मैंने डरते-डरते पहला पन्ना खोला
और क्या आप विश्वास करेंगे
मुझे उसके भीतर सुनाई पड़ी एक स्त्री की चीख़
जो किसी अक्षर के नीचे
दबी पड़ी थी

पर सबसे रोमांचक अनुभव
मुझे उस समय हुआ
जब मैं खड़ा था एक प्राचीन हस्तलेख के सामने
और उसके भीतर से एक आवाज़ ने
जैसे मुझे पहचाना और लगा जैसे पूछा हो–
'कैसे हो केदारनाथ?'

मैं हिला ज़रूर
पर चकित नहीं हुआ
क्योंकि चमत्कार नहीं होतीं पांडुलिपियाँ
वे बोलना-बतियाना चाहती हैं
आदमी से
अकेलेपन की यातना झेलनी पड़ती है उन्हें भी
और कई बार सदियों तक
अकसर सोचता हूँ
वह क्या होता है उनकी स्याही में
कि पन्ना-पन्ना बिखर जाने के बाद भी
वे सदियों तक ताकती रहती हैं

किसी राहुल की राह
किसी तिब्बत के मठ में!

मेरा अनुरोध है कभी आप आएँ
और मेरे साथ चलें
उन थकी-पुरानी
फटी-उदास पांडुलिपियों की दुनिया में

आप पाएँगे वहाँ शब्दों ने पीसकर
समय को बराबर कर दिया है
और अब वहाँ सारा समय एक जगह इस तरह है
कि आपको लगेगा जैसे ब्रह्मसूत्र
पढ़ रहा है मुक्तिबोध को
और शाकुन्तल का हिरन
कुछ कह रहा है पद्मावत के तोते से
और बीजक का कोई पद
किसी पोथी से छिटककर
मनु से बहस कर रहा है
और रासो की कोई सबसे पुरानी प्रति
धीरे-धीरे गुनगुना रही है
किसी युवा कवि की अप्रकाशित कोई कविता

हैरान न हों आप
यही आपसदारी ज़िन्दा रखती है पांडुलिपियों को
खो जाने के बाद भी

कहते हैं चीन के महाकवि ली पै
लिखते थे कविताएँ खजूर के पत्तों पर
और बहा देते थे नदी में
फिर पानी जो उनका पहला पाठक होता था
बढ़ा देता था उन्हें
किसी अगले पाठक की ओर
इस तरह बच जाती थीं वे

हालाँकि ध्यान से देखें
तो सारी पांडुलिपियों पर

कहीं न कहीं लगा होता है
धूल के कॉपीराइट का–
एक मज़बूत ठप्पा
जिसके विरोध में
कहीं सब छिपाए रखती हैं
किसी बेचैन हाथ की हलकी–सी गरमाहट
अपने पन्नों के भीतर के
किसी चोरपन्ने में

पर मुझे लगता है
इस समय वही ख़तरे में है
वही एक हाथ की ज़रा–सी गरमाहट
जिसे भीतर जुगाए हुए
दुनिया की असंख्य गुमशुदा
पांडुलिपियाँ–
कहीं आज भी पड़ी हैं
किसी पेड़ की छाल
किसी नदी के कंठ
किसी जेल की दीवार
या किसी पत्थर की स्मृति में। *2004*

घोंसलों का इतिहास

मैं उसे एक पेड़ के नीचे से
उठाकर लाया था
जहाँ गिरा पड़ा था वह
मैंने अन्दर छुआ
वह अब भी गरम था
शायद वह माँ की कोठरी थी
जो कि शुरू में ही थी
जहाँ पाँच–सात रोएँ अब भी चिपके थे
शायद कोई शिशु डैना अभी–अभी गया था उड़कर

अब एकदम ख़ाली
और अपने में सम्पूर्ण एक घर था वह
आदमी के घर का एक भूला हुआ पूर्वज
एक अद्‌भुत नमूना
किसी पक्षी की वास्तुकला का

सोचने लगा मैं
क्या मिलता है किसी पुस्तकालय में
घोंसलों का इतिहास?
कब
कहाँ
कौन–सा पक्षी था वह
जिसने नींव में रखा था पहला तिनका?

कौआ वह हो नहीं सकता
वह तो शुरू से ही घोंसला–विरोधी है
और तोता?
उसे तो शायद उसकी उड़ान के पहले दिन ही
डाल दिया गया था किसी राजा के पिंजड़े में
रहा कठफोड़वा
पर वह तो सीधे पेड़ के सीने में
सेंध लगाता है
और वहाँ भी रह लेता है ठाट से
हाँ—बया पर बात कुछ टिकती ज़रूर है
पक्षियों की दुनिया में ताजमहल बनाने की दुर्लभ तकनीक
सिर्फ़ उसी के पास है
पर जो भी हो
सच यही है कि बाज़ार में मिलते नहीं घोंसले
वहाँ सिर्फ़ पिंजड़े मिलते हैं
इसलिए टूट जाने के बाद उन्हें हर बार बनाना पड़ता है नए सिरे से
उतने ही धीरज
और शायद उससे भी ज़्यादा जोखिम के साथ

मैंने कोशिश बहुत की
पर अन्ततः पाया कि पहली चोंच
और पहले तिनके की उस पहली भेंट तक
कोई रास्ता नहीं जाता
किसी पुरातत्त्ववेत्ता ने देखा ही नहीं
कभी उस तरफ़ मुड़कर

पर सोचता हूँ क्या राष्ट्रों के इतिहास की तरह
अलग-अलग होता है घोंसलों का इतिहास भी?
कितना अलग होता है एक नाइजीरियाई
बगुले का खोंता
भारत के बगुले से?
ईरानी अबाबीलें
जब किसी घोंसले के बन जाने का
मनाती हैं जश्न
तो क्या पहुँचता नहीं न्योता
मंगोल अबाबीलों को?

घोंसलों का इतिहास
एक गहरे शोध और अध्ययन का विषय है
पर मुझे डर है कि रख दो कोर्स में
तो दुनिया के सारे घोंसले
भहराकर गिर पड़ेंगे!

इसलिए अच्छा यही होगा
कि घोंसलों को छोड़ दिया जाए पेड़ पर ही
जहाँ अपनी छोटी-सी गरिमा में
झूलते रहें वे
इतिहास के दूसरी तरफ़!

2003

पोस्टकार्ड

यह खुला है
इसलिए ख़तरनाक है
ख़तरनाक है इसलिए सुन्दर

इसे कोई भी पढ़ सकता है
वह भी जिसे पढ़ना नहीं
सिर्फ़ छूना आता है

इस पर लिखा जा सकता है कुछ भी
बस, एक ही शर्त है
कि जो भी लिखा जाए
पोस्टकार्ड की अपनी स्वरलिपि में
लिखा जाए

पोस्टकार्ड की स्वरलिपि
कबूतरों की स्वरलिपि है
असल में यह कबूतरों की किसी भूली हुई
प्रजाति का है
उससे टूटकर गिरा हुआ
एक पुरातन डैना

इसका रंग
तुम्हारी त्वचा के रंग से
बहुत मिलता है
पर नहीं
तुम दावा नहीं कर सकते
कि जो तुम्हें अभी-अभी देकर गया है डाकिया
वह तुम्हारा
और सिर्फ़ तुम्हारा पोस्टकार्ड है

पोस्टकार्ड का नारा है–
लिखना
असल में दिखना है
समूची दुनिया को
जिसमें अन्धे भी शामिल हैं

एक कोरा पोस्टकार्ड
ख़ुद एक सन्देश है
मेरे समय का सबसे रोमांचक सन्देश।

सूर्य

वह रोटी में नमक की तरह प्रवेश करता है

ताखे पर रखी हुई रात की रोटी
उसके आने की ख़ुशी में ज़रा-सा उछलती है
और एक भूखे आदमी की नींद में गिर पड़ती है

एक बच्चा जगता है
और घने कोहरे में पिता की चाय के लिए दूध ख़रीदने
नुक्कड़ की दुकान तक अकेला चला जाता है

एक पतीली गरम होने लगती है
एक चेहरा लाल होना शुरू होता है
एक ख़ूँख़ार चमक
तम्बाकू के खेतों से उठती है
और आदमी के ख़ून में टहलने लगती है

मेरा ख़्याल है
वह आसमान से नहीं
किसी जानवर की माँद से निकलता है
और एक लम्बी छलाँग के बाद
किसी गंजे तथा मुस्टंड आदमी के भविष्य में
ग़ायब हो जाता है
अकेला
और शानदार

वह आदमी के सर उठाने की
यातना है
आदमी का बुख़ार
आदमी की कुल्हाड़ी
जिसे वह कन्धे पर रखता है
और जंगल की ओर चल देता है

मेरी बस्ती के लोगों की दुनिया में

वह अकेली चीज़ है
जिस पर भरोसा किया जा सकता है
सिर्फ़ उस पर रोटी नहीं सेंकी जा सकती! *1976*

बनारस

इस शहर में बसन्त
अचानक आता है
जब आता है तो मैंने देखा है
लहरतारा या मडुवाडीह की तरफ़ से
उठता है धूल का एक बवंडर
और इस महान पुराने शहर की जीभ
किरकिराने लगती है

जो है, वह सुगबुगाता है
जो नहीं है, वह फेंकने लगता है पचखियाँ
आदमी दशाश्वमेध पर जाता है
और पाता है घाट का आख़िरी पत्थर
कुछ और मुलायम हो गया है
सीढ़ियों पर बैठे बन्दरों की आँखों में
एक अजीब-सी नमी है
और एक अजीब-सी चमक से भर उठा है
भिखारियों के कटोरों का ख़ालीपन

तुमने कभी देखा है
ख़ाली कटोरों में बसन्त का उतरना!
यह शहर इसी तरह खुलता है
इसी तरह भरता
और ख़ाली होता है, यह शहर
इसी तरह रोज़-रोज एक अनन्त शव
ले जाते हैं कन्धे
अँधेरी गली से
चमकती हुई गंगा की तरफ़

इस शहर में धूल

धीरे-धीरे उड़ती है
धीरे-धीरे चलते हैं लोग
धीरे-धीरे बजते हैं घंटे
शाम धीरे-धीरे होती है

यह धीरे-धीरे होना
धीरे-धीरे होने की एक मद्धिम लय
दृढ़ता से बाँधे है समूचे शहर को
इस तरह कि कुछ भी गिरता नहीं है
कि हिलता नहीं है कुछ भी
कि जो चीज़ जहाँ थी
वहीं पर रखी है
कि पानी वहीं है
कि वहीं पर बँधी है नाव
कि वहीं पर रखी है तुलसीदास की खड़ाऊँ
सैकड़ों बरस से–

कभी सई-साँझ
बिना किसी सूचना के
घुस जाओ इस शहर में
कभी आरती के आलोक में
इसे अचानक देखो
अद्‌भुत है इसकी बनावट

यह आधा जल में है
आधा मंत्र में
आधा फूल में है
आधा शव में
आधा नींद में है
आधा शंख में
अगर ध्यान से देखो
तो यह आधा है
और आधा नहीं है

जो है वह खड़ा है

बिना किसी स्तम्भ के
जो नहीं है उसे थामे हैं
राख और रोशनी के ऊँचे-ऊँचे स्तम्भ
आग के स्तम्भ
और पानी के स्तम्भ
धुएँ के
ख़ुशबू के
आदमी के उठे हुए हाथों के स्तम्भ

किसी अलक्षित सूर्य को
देता हुआ अर्घ्य
शताब्दियों से इसी तरह
गंगा के जल में
अपनी एक टाँग पर खड़ा है यह शहर
अपनी दूसरी टाँग से
बिलकुल बेख़बर

1982

टूटा हुआ ट्रक

मैं पिछली बरसात से उसे देख रहा हूँ
वह वहाँ उसी तरह खड़ा है
टूटा हुआ और हैरान
और अब उससे अँखुए फूट रहे हैं

मैं देख रहा हूँ
एक छोटी-सी लतर
स्टीयरिंग की ओर बढ़ी जा रही है
एक ज़रा-सी पत्ती
भोंपू के पास झुकी है
जैसे उसे बजाना चाहती हो
एक बहुत महीन और बेआवाज़-सी ठोंक-पीट
लगातार जारी है समूचे ट्रक में
कोई नट खोला जा रहा है
कोई तार कसा जा रहा है

टूटा हुआ ट्रक
पूरी तरह सौंप दिया गया है
घास के हाथों में
और घास परेशान है
पहिए बदलने के लिए

मेरे लिए यह सोचना कितना सुखद है
कि कल सुबह तक सब ठीक हो जाएगा
मैं उठूँगा
और अचानक सुनूँगा भोंपू की आवाज़
और घरघराता हुआ ट्रक चल देगा
तिनसुकिया या बोकाजान...

शाम हो रही है
टूटा हुआ ट्रक उसी तरह खड़ा है
और मुझे घूर रहा है

मैं सोचता हूँ
अगर इस समय वो वहाँ न होता
तो मेरे लिए कितना मुश्किल था पहचानना
कि यह मेरा शहर है
और ये मेरे लोग
और वो... वो
मेरा घर

1980

दाने

नहीं
हम मंडी नहीं जाएँगे
खलिहान से उठते हुए
कहते हैं दाने

जाएँगे तो फिर लौटकर नहीं आएँगे
जाते-जाते
कहते जाते हैं दाने

अगर आए भी
तो तुम हमें पहचान नहीं पाओगे
अपनी अन्तिम चिट्ठी में
लिख भेजते हैं दाने

इसके बाद महीनों तक
बस्ती में
कोई चिट्ठी नहीं आती

1984

पानी में घिरे हुए लोग

पानी में घिरे हुए लोग
प्रार्थना नहीं करते
वे पूरे विश्वास से देखते हैं पानी को
और एक दिन
बिना किसी सूचना के
खच्चर बैल या भैंस की पीठ पर
घर-असबाब लादकर
चल देते हैं कहीं और

यह कितना अद्भुत है
कि बाढ़ चाहे जितनी भयानक हो
उन्हें पानी में
थोड़ी-सी जगह ज़रूर मिल जाती है
थोड़ी-सी धूप
थोड़ा-सा आसमान

फिर वे गाड़ देते हैं खम्भे
तान देते हैं बोरे
उलझा देते हैं मूँज की रस्सियाँ और टाट

पानी में घिरे हुए लोग
अपने साथ ले आते हैं पुआल की गन्ध
वे ले आते हैं आम की गुठलियाँ
ख़ाली टिन

भुने हुए चने
वे ले आते हैं चिलम और आग

फिर बह जाते हैं उनके मवेशी
उनकी पूजा की घंटी बह जाती है
बह जाती है महावीर जी की आदमक़द मूर्ति
घरों की कच्ची दीवारें
दीवारों पर बने हुए हाथी-घोड़े
फूल-पत्ते
पाट-पटोरे
सब बह जाते हैं

मगर पानी में घिरे हुए लोग
शिकायत नहीं करते
वे हर क़ीमत पर अपनी चिलम के छेद में
कहीं-न-कहीं बचा रखते हैं
थोड़ी-सी आग

फिर डूब जाता है सूरज
कहीं से आती हैं
पानी पर तैरती हुई
लोगों के बोलने की तेज आवाज़ें
कहीं से उठता है धुआँ
पेड़ों पर मँडराता हुआ
और पानी में घिरे हुए लोग
हो जाते हैं बेचैन

वे जला देते हैं
एक टुटही लालटेन
टाँग देते हैं किसी ऊँचे बाँस पर
ताकि उनके होने की ख़बर
पानी के पार तक पहुँचती रहे

फिर उस मद्धिम रोशनी में
पानी की आँखों में

आँखें डाले हुए
वे रात-भर खड़े रहते हैं
पानी के सामने
पानी की तरफ़
पानी के ख़िलाफ़

सिर्फ़ उनके अन्दर
अरार की तरह
हर बार कुछ टूटता है
हर बार पानी में कुछ गिरता है
छपाक्...छपाक्... *1980*

बढ़ई और चिड़िया

वह लकड़ी चीर रहा था

कई रातों तक
जंगल की नमी में रहने के बाद उसने फ़ैसला किया था
और वह चीर रहा था

उसकी आरी कई बार लकड़ी की नींद
और जड़ों में भटक जाती थी
कई बार एक चिड़िया के खोंते से
टकरा जाती थी उसकी आरी

उसे लकड़ी में
गिलहरी की पूँछ की हरकत महसूस हो रही थी
एक गुर्राहट थी
एक बाघिन के बच्चे सो रहे थे लकड़ी के अन्दर
एक चिड़िया का दाना ग़ायब हो गया था

उसकी आरी हर बार
चिड़िया के दाने को
लकड़ी के कटते हुए रेशों से खींचकर
बाहर लाती थी

और दाना हर बार उसके दाँतों से छूटकर
ग़ायब हो जाता था

वह चीर रहा था
और दुनिया दोनों तरफ़
चिरे हुए पटरों की तरह गिरती जा रही थी

दाना
बाहर नहीं था
इसलिए लकड़ी के अन्दर ज़रूर कहीं होगा
यह चिड़िया का ख़याल था

वह चीर रहा था
और चिड़िया ख़ुद लकड़ी के अन्दर
कहीं थी
और चीख़ रही थी। *1975*

माँझी का पुल

मैंने पहली बार
स्कूल से लौटते हुए
उसकी लाल-लाल ऊँची मेहराबें देखी थीं
यह सर्दियों के शुरू के दिन थे
जब पूरब के आसमान में
सारसों के झुंड की तरह डैने पसारे हुए
धीरे-धीरे उड़ता है माँझी का पुल

वह कब बना था
कोई नहीं जानता
किसने बनाया था माँझी का पुल
यह सवाल मेरी बस्ती के लोगों को
अब भी परेशान करता है

'तुम्हारे जन्म से पहले'–
कहती थीं दादी
'जब दिन में रात हुई थी

उससे भी पहले'–
कहता है गाँव का बूढ़ा चौकीदार

क्या यह सच नहीं है कि एक सुबह इसी तरह
किनारे की रेती पर
पड़ा हुआ मिला था माँझी का पुल
बंसी मल्लाह की आँखें पूछती हैं!

लालमोहर हल चलाता है
और ऐन उसी वक़्त
जब उसे खैनी की ज़रूरत महसूस होती है
बैलों की सींगों के बीच से दिख जाता है
माँझी का पुल

झपसी की भेड़ें–
उसने बारहा देखा है–
जब चरते-चरते थक जाती हैं
तो मुँह उठाकर
उस तरफ़ देखने लगती हैं
जिधर माँझी का पुल है

माँझी के पुल में कितने पाए हैं?
उन्नीस–कहता है जगदीश
बीस–सनझू हज्जाम का ख़याल है
कई बार यह संख्या तेईस या चौबीस तक चली जाती है
क्या दिन के पाए
रात में कम हो जाते हैं?
क्या सुबह-सुबह बढ़ जाते हैं
माँझी के पुल के पाए?

माँझी के पुल में कितनी ईंटें हैं?
कितने अरब बालू के कण?
कितने खच्चर
कितनी बैलगाड़ियाँ
कितनी आँखें

कितने हाथ चुन दिए गए हैं माँझी के पुल में
मेरी बस्ती के लोगों के पास
कोई हिसाब नहीं है

सचाई यह है
मेरी बस्ती के लोग सिर्फ़ इतना जानते हैं
दोपहर की धूप में
जब किसी के पास कोई काम नहीं होता
तो पके हुए ज्वार के खेत की तरह लगता है
माँझी का पुल

मगर पुल क्या होता है?
आदमी को अपनी तरफ़ क्यों खींचता है पुल?
ऐसा क्यों होता है कि रात की आख़िरी गाड़ी
जब माँझी के पुल की पटरियों पर चढ़ती है
तो अपनी गहरी नींद में भी
मेरी बस्ती का हर आदमी हिलने लगता है?

एक गहरी बेचैनी के बाद
मैंने कई बार सोचा है माँझी के पुल में
कहाँ है माँझी?
कहाँ है उसकी नाव?
क्या तुम ठीक उसी जगह उँगली रख सकते हो
जहाँ हर पुल में छिपी रहती है एक नाव?

मछलियाँ अपनी भाषा में
क्या कहती हैं पुल को?
सूँस और घड़ियाल क्या सोचते हैं?
कछुओं को कैसा लगता है पुल
जब वे दोपहर बाद की रेती पर
अपनी पीठ फैलाकर
उसकी मेहराबें सेंकते हैं?

मैं जानता हूँ मेरी बस्ती के लोगों के लिए
यह कितना बड़ा आश्वासन है

कि वहाँ पूरब के आसमान में
हर आदमी के बचपन के बहुत पहले से
चुपचाप टँगा है माँझी का पुल

मैं सोचता हूँ
और सोचकर काँपने लगता हूँ
उन्हें कैसा लगेगा अगर एक दिन अचानक पता चला
वहाँ नहीं है माँझी का पुल!

मैं ख़ुद से पूछता हूँ
कौन बड़ा है
वह जो नदी पर खड़ा है माँझी का पुल
या वह जो टँगा है लोगों के अन्दर? *1979*

दो मिनट का मौन

भाइयो और बहनो
यह दिन डूब रहा है
इस डूबते हुए दिन पर
दो मिनट का मौन

जाते हुए पक्षी पर
रुके हुए जल पर
घिरती हुई रात पर
दो मिनट का मौन

जो है उस पर
जो नहीं है उस पर
जो हो सकता था उस पर
दो मिनट का मौन

गिरे हुए छिलके पर
टूटी हुई घास पर
हर योजना पर
हर विकास पर
दो मिनट का मौन

इस महान शताब्दी पर
महान शताब्दी के
महान इरादों पर
महान शब्दों पर
और महान वादों पर
दो मिनट का मौन

भाइयो और बहनो
इस महान विशेषण पर
दो मिनट का मौन

1983

उस आदमी को देखो

उस आदमी को देखो जो सड़क पार कर रहा है
वह कहाँ से आ रहा
मुझे नहीं मालूम
कहाँ जाएगा
यह बताना कठिन है

पर इतना साफ़ है
वह सड़क के इस तरफ़ खड़ा है
और उस तरफ़ जाना चाहता है
उसका एक पाँव हवा में उठा है
और दूसरा उठने का इन्तज़ार कर रहा है

जो उठा है
मैं सुन रहा हूँ, वह दूसरे से कह रहा है
'जल्दी करो, जल्दी करो
यह सड़क है'

और सड़क एक चीज़ है मित्रो
जो हमेशा वहीं पड़ी रहती है
और चूँकि वह हमेशा वहीं पड़ी रहती है
इसलिए हर आदमी को हर बार
नए सिरे से पार करनी पड़ती है अपनी सड़क

तो वह आदमी जो सड़क पार कर रहा है
हो सकता है तीन हज़ार सात सौ सैंतीसवीं बार
पार कर रहा है फिर वही सड़क
जिसे कल वह फिर पार करेगा
और उसके अगले दिन फिर
और हो सकता है अगले असंख्य वर्षों तक
वह बार–बार उसी को
और सिर्फ़ उसी को पार करता रहे–

देखो–देखो
वह अब भी वहाँ खड़ा है
उत्सुक और नाराज़
और यह मुझे अच्छा लगता लग रहा है–

मुझे आदमी का सड़क पार करना
हमेशा अच्छा लगता है
क्योंकि इस तरह
एक उम्मीद–सी होती है
कि दुनिया जो इस तरफ़ है
शायद उससे कुछ बेहतर हो
सड़क के उस तरफ़

1972

कुछ सूत्र जो एक किसान बाप ने बेटे को दिए

मेरे बेटे
कुएँ में कभी मत झाँकना
जाना
पर उस ओर कभी मत जाना
जिधर उड़े जा रहे हों
काले–काले कौए

हरा पत्ता
कभी मत तोड़ना
और अगर तोड़ना तो ऐसे
कि पेड़ को ज़रा भी

न हो पीड़ा

रात को रोटी जब भी तोड़ना
तो पहले सिर झुकाकर
गेहूँ के पौधे को याद कर लेना

अगर कभी लाल चींटियाँ
दिखाई पड़ें
तो समझना
आँधी आनेवाली है

अगर कई–कई रातों तक
कभी सुनाई न पड़े स्यारों की आवाज़
तो जान लेना
बुरे दिन आनेवाले हैं

मेरे बेटे
बिजली की तरह कभी मत गिरना
और कभी गिर भी पड़ो
तो दूब की तरह उठ पड़ने के लिए
हमेशा तैयार रहना

कभी अँधेरे में
अगर भूल जाना रास्ता
तो ध्रुवतारा पर नहीं
सिर्फ़ दूर से आनेवाली
कुत्तों के भूँकने की आवाज़ पर
भरोसा करना

मेरे बेटे
बुध को उत्तर कभी मत जाना
न इतवार को पच्छिम

और सबसे बड़ी बात मेरे बेटे
कि लिख चुकने के बाद
इन शब्दों को पोंछकर साफ़ कर देना

ताकि कल जब सूर्योदय हो
तो तुम्हारी पटिया
रोज़ की तरह
धुली हुई
स्वच्छ
चमकती रहे

1986

अकाल में दूब

भयानक सूखा है
पक्षी छोड़कर चले गए हैं
पेड़ों को
बिलों को छोड़कर चले गए हैं चींटे
चींटियाँ
देहरी और चौखट
पता नहीं कहाँ–किधर चले गए हैं
घरों को छोड़कर

भयानक सूखा है
मवेशी खड़े हैं
एक–दूसरे का मुँह ताकते हुए

कहते हैं पिता
ऐसा अकाल कभी नहीं देखा
ऐसा अकाल कि बस्ती में
दूब तक झुलस जाए
सुना नहीं कभी
दूब मगर मरती नहीं–
कहते हैं वे
और हो जाते हैं चुप

निकलता हूँ मैं
दूब की तलाश में
खोजता हूँ परती–पठार

झाँकता हूँ कुँओं में
छान डालता हूँ गली-चौराहे
मिलती नहीं दूब
मुझे मिलते हैं मुँहबाए घड़े
बाल्टियाँ लोटे परात
झाँकता हूँ घड़ों में
लोगों की आँखों की कटोरियों में
झाँकता हूँ मैं
मिलती नहीं
मिलती नहीं दूब

अन्त में
सारी बस्ती छानकर
लौटता हूँ निराश
लाँघता हूँ कुएँ के पास की
सूखी नाली
कि अचानक मुझे दिख जाती है
शीशे के बिखरे हुए टुकड़ों के बीच
एक हरी पत्ती
दूब है
हाँ-हाँ दूब है–
पहचानता हूँ मैं

लौटकर यह ख़बर
देता हूँ पिता को
अँधेरे में भी
दमक उठता है उनका चेहरा
'है–अभी बहुत कुछ है
अगर बची है दूब...'
बुदबुदाते हैं वे

फिर गहरे विचार में
खो जाते हैं पिता

1984

एक कविता—निराला को याद करते हुए

उठता हाहाकार जिधर है
उसी तरफ़ अपना भी घर है

ख़ुश हूँ—आती है रह–रहकर
जीने की सुगन्ध बह–बहकर

उसी ओर कुछ झुका–झुका–सा
सोच रहा हूँ रुका–रुका–सा

गोली दगे न हाथापाई
अपनी है यह अजब लड़ाई

रोज़ उसी दर्ज़ी के घर तक
एक प्रश्न से सौ उत्तर तक

रोज़ कहीं टाँके पड़ते हैं
रोज़ उधड़ जाती है सीवन

'दुखता रहता है अब जीवन'

गाँव आने पर

अब आ तो गया हूँ
पर क्या करूँ मैं?

एक बूढ़े पक्षी की तरह लौट–लौटकर
मैं क्यों यहाँ चला आता हूँ बार–बार?
पृथ्वी पर ऊब
क्या उतनी ही पुरानी है
जितनी दूब?

यह हवा
मुझे घेरती क्यों है?
क्यों यहाँ चलते हुए लगता है
अपनी साँस के अन्दर के
किसी गहरे भरे मैदान में चल रहा हूँ।

कौन हैं ये लोग
जो कि मेरे हैं?
इनके चेहरों को देखकर
मुझे अपनी घड़ी की सुई
ठीक क्यों करनी पड़ती है बार-बार?

जो मेरे नहीं हैं
आख़िर वे भी तो मेरे ही हैं
चाहे जहाँ भी रहते हों
फिर क्यों यह ज़िद
कि यही-यही
सिर्फ़ यही मेरा घर है?

अपनी सारी गर्द
और थकान के साथ
अब आ तो गया हूँ
पर यह कैसे साबित हो
कि उनकी आँखों में
मैं कोई तौलिया या सूटकेस नहीं
मैं ही हूँ

क्या करूँ मैं?
क्या करूँ, क्या करूँ कि लगे
कि मैं इन्हीं में से हूँ
इन्हीं का हूँ
कि यही हैं मेरे लोग
जिनका मैं दम भरता हूँ कविता में
और यही, यही जो मुझे कभी नहीं पढ़ेंगे

छू लूँ किसी को?
लिपट जाऊँ किसी से?
मिलूँ
पर किस तरह मिलूँ

कि बस मैं ही मिलूँ
और दिल्ली न आए बीच में

क्या है कोई उपाय
कि आदमी सही-साबूत निकल जाए गली से
और बिल्ली न आए बीच में?

1994

कुदाल

उसे दरवाज़े पर रखकर
चला गया है माली
उसका वहाँ होना
अटपटा लगता है मेरी आँखों को

पर जाते हुए दिन की
धुँधली रोशनी में
उसकी वह अजब अड़बंग-सी धूलभरी धज
आकर्षित करती है मुझे

काम था
सो हो चुका है
मिट्टी थी
सो ख़ुद चुकी है जड़ों तक
और अब कुदाल है कि चुपचाप चुनौती की तरह
खड़ी है दरवाज़े पर

सोचता हूँ उसे वहाँ से उठाकर
ले आऊँ अन्दर
और रख दूँ किसी कोने में

ड्राइंग-रूम कैसा रहेगा-
मैं सोचता हूँ
न सही कुदाल
एक अलंकार ही सही
यदि वहाँ रह सकती है नागफनी

तो कुदाल क्यों नहीं?

पर नहीं–मेरे मन ने कहा
कुदाल नहीं रह सकती ड्राइंग-रूम में
इससे घर का सन्तुलन बिगड़ सकता है

फिर मेरा ध्यान गया रसोईघर की ओर
पर वहाँ पवित्रता का जो एक ताज़ा धुला हुआ
गहरा आतंक था
मुझे लगा कुदाल उसके सामने
बिलकुल लाचार है

फिर किया क्या जाए मैंने सोचा
कि तभी ख़याल आया
उसे क्यों न छिपा दूँ
पलंग के नीचे के अँधेरे में

इससे साहस थोड़ा दबेगा ज़रूर
पर हवा में जो भर जाएगी एक रहस्य की गन्ध
उससे घर की गरमाहट कुछ बढ़ेगी ही

लेकिन पलंग के नीचे कुदाल?
मैं ठठाकर हँस पड़ा इस अद्‌भुत बिम्ब पर

अन्त में कुदाल के सामने रुककर
मैंने कुछ देर सोचा कुदाल के बारे में
सोचते हुए लगा उसे कन्धे पर रखकर
किसी अदृश्य अदालत में खड़ा हूँ मैं
पृथ्वी पर कुदाल के होने की गवाही में

पर सवाल अब भी वहीं था
वहीं जहाँ उसे रखकर चला गया था माली
मेरे लिए मेरी सदी का सबसे कठिन सवाल
कि क्या हो–अब क्या हो कुदाल का

क्योंकि अँधेरा बढ़ता जा रहा था

और अँधेरे में धीरे-धीरे बढ़ता जा रहा था
कुदाल का क़द
और अब उसे दरवाज़े पर छोड़ना
ख़तरनाक था
सड़क पर रख देना असम्भव
मेरे घर में कुदाल के लिए जगह नहीं थी। *1994*

भिखारी ठाकुर

विषय कुछ और था
शहर कोई और
पर मुड़ गई बात भिखारी ठाकुर की ओर
और वहाँ सब हैरान थे यह जानकर
कि पीते नहीं थे वे
क्योंकि सिर्फ़ वे नाचते थे
और खेलते थे मंच पर वे सारे खेल
जिन्हें हवा खेलती है पानी से
या जीवन खेलता है
मृत्यु के साथ

इस तरह सरजू के कछार-सा
एक सपाट चेहरा
नाचते हुए बना जाता था
कभी घोर पियक्कड़
कभी वर की ख़ामोशी
क़भी घोड़े की हिनहिनाहट
कभी पृथ्वी का सबसे सुन्दर मूर्ख

और ये सारे चेहरे सच थे
क्योंकि सारे चेहरे हँसते थे एक गहरी यातना में
अपने मुखौटे के ख़िलाफ़

और महात्मा गांधी आकर
लौट गए थे चम्पारन से

और चौरीचौरा की आँच पर
खेतों में पकने लगी थीं
जौ-गेहूँ की बालियाँ

पर क्या आप विश्वास करेंगे
एक रात जब किसी खलिहान में चल रहा था
भिखारी ठाकुर का नाच
तो दर्शकों की पाँत में
एक शख़्स ऐसा भी बैठा था
जिसकी शक्ल बेहद मिलती थी
महात्मा गांधी से

इस तरह एक साँझ से
दूसरी भोर तक
कभी किसी बाज़ार के मोड़ पर
कभी किसी उत्सव के बीच की
ख़ाली जगह में
अनवरत चलता रहा
वह अजब बेचैन-सा चीख़-भरा नाच
जिसका आज़ादी की लड़ाई में
कोई ज़िक्र नहीं

पर मेरा ख़याल है
चर्चिल को सब पता था
शायद यह भी कि रात के तीसरे पहर
जब किसी झुरमुट में
ठनकता था गेहुँअन
तो नाच के किसी अँधेरे कोने से
धीरे-धीरे उठती थी
एक लम्बी और अकेली
भिखारी ठाकुर की आवाज़
और ताल के जल की तरह
हिलने लगती थीं

बोली की सारी
सोई हुई क्रियाएँ

और अब यह बहस तो चलती ही रहेगी
कि नाच का आज़ादी से
रिश्ता क्या है
और अपने राष्ट्रगान की लय में
वह ऐसा क्या है
जहाँ रात-बिरात जाकर टकराती है
बिदेसिया की लय। *1993-94*

नदियाँ

वे हमें जानती हैं
जैसे जानती हैं वे अपनी मछलियों की बेचैनी
अपने तटों का तापमान
जो कि हमीं हैं

बस हमीं भूल गए हैं
हमारे घर कभी उनका भी
आना-जाना था

उनकी नसों में बहता है
पहाड़ों का ख़ून
जिसमें थोड़ा-सा ख़ून
हमारा भी शामिल है
और गरम-गरम दूध
टपकता हुआ भूरे दरख़्तों की छाल से

पता लगा लो
दरख़्तों की छाल
और हमारी त्वचा का गोत्र
एक ही है

परछाइयाँ भी असल में

नदियाँ ही हैं
हमीं से फूटकर
हमारी बग़ल में चुपचाप बहती हुई नदियाँ
हर आदमी अपनी परछाईं में
नहाता है
और लगता है
नदी में नहा रहा है

जो लगता है वह भी
उतना ही सच है
जितना कोई भी नदी

पुल–
पृथ्वी के सारे के सारे पुल
एक गहरा षड्यंत्र हैं नदियों के ख़िलाफ़
और नदियाँ उन्हें इस तरह बर्दाश्त करती हैं
जैसे क़ैदी ज़ंजीरों को
हालाँकि नदियाँ इसीलिए नदियाँ हैं
कि वे जब भी चाहती हैं
उलट-पुलट देती हैं सारा कैलेंडर
और दिशाओं के नाम

हमारे देश में नदियाँ
जब कुछ नहीं करतीं
तब वे शवों का इन्तज़ार करती हैं

अँधेरे को चीरते हुए
आते हैं शव
वे आते हैं अपनी चुप्पियों की चोट से
जीने की धार को
तीव्रतर करते हुए

नदियाँ उन्हें देखती हैं
और जैसे चली जाती हैं कहीं अपने ही अन्दर

किन्हीं जलमग्न शहरों की
गन्ध की तलाश में

नदियाँ जो कि असल में
शहरों का आरम्भ हैं
और शहर जो कि असल में
नदियों का अन्त

मुझे याद नहीं
मैंने भूगोल की किस किताब में पढ़ा था
अन्त और आरम्भ
अपने विरोध की सारी ऊष्मा के साथ
जिस जगह मिलते हैं
कहीं वहीं से निकलती हैं
सारी की सारी नदियाँ।

ईश्वर और प्याज़

क्या ईश्वर प्याज़ खाता है?
एक दिन माँ ने मुझसे पूछा
जब मैं लंच से पहले
प्याज़ के छिलके उतार रहा था

क्यों नहीं माँ–मैंने कहा
जब दुनिया उसने बनाई
तो गाजर मूली प्याज़ चुकन्दर–
सब उसी ने बनाया होगा
फिर वह खा क्यों नहीं सकता प्याज़?

वो बात नहीं–
हिन्दू प्याज़ नहीं खाता
धीरे-से कहती है वह

तो क्या ईश्वर हिन्दू हैं माँ?
हँसते हुए पूछता हूँ मैं

माँ अवाक् देखती है मुझे

उधर छिल चुकने के बाद
अब पृथ्वी जैसा गोल कत्थई प्याज़
मेरी हथेली पर था
और ईश्वर कहीं और हो या न हो
उन आँखों में उस समय ज़रूर कहीं था
मेरे छोटे-से प्याज़ में
अपना वजूद खोजता हुआ

बुद्ध से

भन्ते, आज सोमवार है
इस नई सदी के पहले सप्ताह काउ
पहला दिन
मैं अपने शहर के लगभग बीचोबीच खड़ा हूँ
और आपसे कुछ कहने के लिए
शब्द तलाश रहा हूँ
मेरे चारों ओर घना कोहरा है
उतना ही घना जितना कल था
यानी पिछली सदी में।
इस कोहरे को एक दिन मैंने माँ की आँखों में
देखा था भन्ते
कल वह नब्बे की हो गई
और उसका बेटा मैं पैंसठ की ओर बढ़ रहा हूँ
कुछ ऐसा है भन्ते कि पिछले कुछ दिनों से
उसे जब भी देखता हूँ
लगता है थेरीगाथा की वे सबसे बेचैन करनेवाली पंक्तियाँ
उसी ने लिखी थीं
हालाँकि थेरीगाथा को वह बिलकुल नहीं जानती
उसकी झुर्रियों को देखकर लगता तो यह भी है
कि एक शाम जब आप जेतबन से लौट रहे थे
तो उस छोटे-से पुरवे में वह मेरी माँ ही थी

जिसने आपको भेड़ का दूध और ज्वार की रोटी
खिलाई थी
यह मेरा भ्रम भी हो सकता है
पर कई बार लगता है
इस भ्रम में ज़रा-सा इतिहास
कहीं सटा ज़रूर है

पर अब कुछ और–
अभी पिछले ही सप्ताह मैं सारनाथ गया था–
वही आपका प्रिय मृगदाव–
और हैरान रह गया यह देखकर
कि वहाँ के सारे हिरन मार डाले गए हैं
और अब वहाँ सिर्फ़ एक मादा घड़ियाल है
जो अपने अंडों की तलाश में
हिंड़ोर रही है रेती

पता तो यह चला भन्ते
कि अंगुलिमाल छुट्टा घूम रहा है शहर में
और सुजाता अपने शहर के
किसी छुतहा अस्पताल में भर्ती है
आनन्द की मुझे कोई ख़बर नहीं
पर एक दिन एक पुराने ढाबे में
एक पहाड़ी लड़के को
प्लेटें धोते देखकर मैं ठिठक गया था भन्ते
उसका नाम आनन्द था!

और अब नाम की बात आई
तो अपनी एक व्याधि का ज़िक्र करूँ
और वह यह कि मेरा नाम केदारनाथ सिंह है
और मेरे पड़ोसी का कोई शर्मा
और उसके मित्र का कोई गुप्त
निवेदन है भन्ते कि मैं तंग आ चुका हूँ
इस सिंह और शर्मा और गुप्त और प्रकट से

मैंने जतन बहुत किए
पर हर बार पाया कि जितना भी धोओ
जितना भी रगड़ो
छुटता ही नहीं है यह त्वचा का दाग़?

भन्ते, क्या यह सिर्फ़ मेरी त्वचा का दाग़ है?

दुख है
तो उसका निदान भी होगा ही
पर महाभिषग क्या निर्वाण के अलावा
इसका कोई इलाज नहीं?

2000

बर्लिन की टूटी दीवार को देखकर

तीन दिन हुए
मैंने बर्लिन में देखे नहीं कौए
लेकिन क्यों कौए?
इस भारतीय कवि को क्यों चाहिए कौए
इस सुन्दर शहर में
जबकि आसमान उतना ही नीला है
बिना कौओं के भी!

यह एक छोटा-सा होटल है
जहाँ हम कुछ हिन्द-पाक लेखक
ठहरे हैं साथ-साथ
और हमारे पासपोर्ट चाहे जो कहते हों
यहाँ हममें से हरेक थोड़ा-थोड़ा हिन्द है थोड़ा-थोड़ा पाक
हम साथ-साथ खाते हैं
पीते हैं साथ-साथ
हँसते-हँसते कभी-कभी हो जाते हैं उदास भी

यह साथ-साथ हँसना
उदास होना साथ-साथ
एक दुर्लभ अनुभव है

एक विदेशी ज़मीन पर

वहाँ बाहर
मेरी खिड़की से दिखते हैं
दो वायुयान जैसे दो कबूतर
दो महायुद्ध—वहाँ बेंच पर बैठे
वृद्धों की स्मृति में ठाँय-ठाँय करते हुए
एक ताज़ा चुम्बन किन्हीं होंठों से गिरकर
वहाँ घास पर पड़ा हुआ

पर मेरी खिड़की से दिखती है
बर्लिन की टूटी दीवार भी
और देखता हूँ कि उसके चारों ओर
लगा रही है चक्कर एक पागल स्त्री
न ज़ाने कब से।
कहीं कुछ है कील की तरह
उसकी आत्मा में ठुँका हुआ
कि रुकने ही देता नहीं उसे
और वह बार-बार
आ रही है
जा रही है
उधर से इधर
और इधर से उधर...

इधर एक छोटी-सी महफ़िल में
सुन रहे हैं हम अहमद फराज़ को
कोई ताज़ा ग़ज़ल सुना रहे हैं वे
झूम रहे हैं सब
झूम रहा हूँ मैं भी
पर मेरी आँखें खिड़की के पार
बर्लिन की उस टूटी दीवार पर टिकी हैं
जहाँ वह पागल स्त्री ग़ज़ल को चीरती हुई
लगाए जा रही है अब भी चक्कर पर चक्कर...

जैसे कोई बिजली कौंध जाए
एक दबी हुई स्मृति
झकझोर जाती है मुझे
और मुझे लगता है कहीं मेरे भीतर भी है
एक पागल स्त्री
जो दरवाज़ों को पीटती
और दीवारों को खुरचती हुई
उसी तरह लगा रही है चक्कर
मेरे उपमहाद्वीप के विशाल नक्शे में
न जाने कब से

देखता हूँ कि ग़ज़ल के बीच में
कोई मिसरा भूल रहे हैं अहमद फराज़
पिछले शेर और अगले के बीच का
एक अजब-सा सन्नाटा
भर गया है कमरे में
पर मुझे लगता है मेरे भीतर की वह पागल स्त्री
अब एक दीवार के आगे खड़ी है
और चीख़ रही है–"यह दीवार...
आख़िर यह दीवार
कब टूटेगी?"

इतने बरस हुए
ग़ज़लों से भरे इस उपमहाद्वीप में
मुझे एक भूले हुए मिसरे का अब भी इन्तज़ार है

1997

त्रिनिदाद

उनसे मिलना
समुद्र में बनते हुए नमक से मिलना था
एक देह का
अपनी त्वचा से मिलना था उनसे मिलना

और एक नमस्कार था

जो अपने उच्चारण की सारी झंकृति में चुप
ठिठका-सा खड़ा था बीच में
और हाथ थे जो सोच में पड़े थे
कि जुड़ें कि न जुड़ें

क्योंकि वे लोग थे
जो बहुत-कुछ भूल चुके थे
उस सपाट कैरेबियन बालू की तरह
जहाँ टापू की पहली बीड़ी की महक
और अन्तिम चमरौधे की चरमर के साथ
कभी उतरे थे उनके पुरखे

मुझे लगा—मैं उनसे पहले भी मिल चुका हूँ
पर इसका समर्थन न तो मेरी आँखें करती थीं
न मेरा दिमाग़
पर सच यही था जिसके पक्ष में
हाँ...हाँ...हाँ...कहे जा रहा था समुद्र
अपनी स्मृति की चट्टानों पर
पछाड़ खाते हुए
उस शाम एक मछुआरा
फिर नहीं लौटा था गहरे समुद्र से
औ एक जन और कम हो गया था टापू में
और आकाश में बढ़ गया था एक तारा और!

पर समुद्र से शिकायत
वहाँ किसी को नहीं थी
क्योंकि वह टापू का सबसे वयोवृद्ध नागरिक था
अपनी लम्बी श्वेत फहराती हुई दाढ़ी में
सबसे सम्मानित

वह था
इसलिए दसों दिशाओं से
भरा-भरा-सा रहता था टापू
और जब कहीं से नहीं आती थी

तब सिर्फ़ तट के पत्थरों
और ह्वेल मछलियों की आँखों से आती थी
ज़रा-सी रोशनी
और भटकी हुई नावों
और ठिठके हुए विचारों को
मिल जाता था रास्ता

और एक गन्ध थी हल्की-सी
जो फैली हुई पूरे टापू में थी
यहाँ तक कि रास्ते की धूल
और पक्षियों की आवाज़ में भी
पर न तो वह उनके घरों से आती थी
न नारियल के कुंजों
न कहीं पकती हुई मछली की भाप
न समुद्री झाग से
पर वह आती थी हमेशा
समुद्र की तरफ़ से
मानो झाग फेन और शार्कों के ख़ूनी
जबड़ों से छनकर

और जब वह आती थी
वे हो जाते थे बेचैन
और अक्सर चले जाते थे
उसी बूढ़े समुद्र के पास
क्योंकि उनका ख़याल था-
वह जो दढ़ियल समुद्र है
सब जानता है
कि वही-सिर्फ़ वही जानता है
कि तट पर बिखरे हुए बालू के कणों में
वह कौन-सा कण है
जिसके भीतर बन्द है उस पहले जहाज़ के लंगर के निशान
और ख़ून के वे छींटे

जो वहाँ गिरे थे पहली बार पुरखों की पीठ से
कोड़ों से छिलकर

कोड़े अब कहीं नहीं थे
कम से कम वे दिखते नहीं थे
सिर्फ़ रेती पर उनका बेआवाज़ गिरना था
जिसे भूल से वे कहते थे समुद्री हवा
और बन्द कर लेते थे
घरों के दरवाज़े

क्या ये स्मृतिहीन लोग हैं?
अपनी बग़लवाले आदमी की गहरी उदास कैरेबियन आँखों में
झाँकते हुए मैंने सोचा
मुझे लगा–वहाँ बिहार के
किसी सूने कछार की ज़रा-सी नमी
कहीं अब भी बची थी
और एक अजब-सी खनक थी उसकी आवाज़ में
बल्कि एक मूर्च्छना
किसी भूली हुई सुदूर भोजपुरिया धुन की
जिसे उस पूरी भीड़ में मैं
और सिर्फ़ मैं सुन रहा था

उसने बताया उसके पुरखे उदयपुर से थे
जो कहीं बिहार में है
पर उसकी बात को काटते हुए
जब मैंने धीरे-से कहा–उदयपुर बिहार में नहीं
राजस्थान में है
वह हो गया उदास
और एकदम निहत्था!

मुझे दुख हुआ
मैंने उसके नक्शे के रंगों को
कर दिया गडमड

असल में वह जो नक्शा था
टापू में घिरे एक बेचैन आदमी का
अपना सृजन था–
जहाँ दिल्ली के किनारे
बहती थी गंगा
और बनारस हिमालय के उत्तर में कहीं था
और महाराष्ट्र नाम था
महाभारत के किसी पात्र का
और केरल एक शहर
जो कहीं हो सकता था बंगाल में!

क्या सचमुच ये स्मृतिहीन लोग हैं?
अबकी मेरी स्मृति ने जैसे मुझी से पूछा
मुझे चीरते-फाड़ते हुए
अगर ये स्मृतिहीन लोग हैं
तो फिर मैं क्या हूँ?
भूलता तो मैं भी जा रहा हूँ
कुछ न कुछ रोज़-रोज़
और जो भूलता जा रहा हूँ
वह महज़ नीम की पत्तियाँ
और महुए की टपक नहीं
भूलता तो यह भी जा रहा हूँ
कि भूलता जा रहा हूँ मैं

तो क्या मैं भी डायस्पोरा हूँ?
कहीं अपने समय के किसी त्रिनिदाद में
एक अजब आप्रवासी!

मैं स्वीकार करूँ
उस छोटे-से टापू के उस विशाल सभाकक्ष में
जब मैंने पहली बार सुना यह शब्द 'डायस्पोरा'
उसकी ध्वनि से मुझे डर लगा
जैसे डायनासोर फिर से

वापस आ गया हो!

और यह तो मैंने बाद में जाना
जब मेरा सामान बँध चुका था
और मैं खड़ा था अकेला
उस चीख़ते-चिल्लाते समुद्र के सामने
कि स्मृतियाँ
इसी तरह बदला लेती हैं–
कभी ख़ून के छींटों की तरह
बालू के कणों में होकर अदृश्य
कभी भरे सभाकक्ष में
डायनासोर बनकर!

अपनी ख़बर

जाना था बाज़ार
मोमबत्ती की रोशनी में
मैं लिखता रहा कविता
क्योंकि सारे हिन्दुस्तान में
बिजली गुल थी

अब यह कैसे बताऊँ
लेकिन छिपाऊँ भी तो क्यों
कविता और बाज़ार की एक हल्की-सी भी टक्कर
रोमांचित करती है मुझे

अगर आप याद करें
तो अपनी सारी टूट-फूट के बाद भी
आख़िर मैं हूँ तो वही
जो एक दिन आपको विदिशा में मिला था
एक भड़भूजे की दुकान पर

वहाँ एक अजब-सी ख़ुशबू थी
भुनते हुए दानों की
जो अगले कई बरसों तक

मेरे संग-संग रही
मेरे ग़र्दिश के दिनों में

मेरी कहानी यह है
कि कुछ दिन मैं चकिया में था
जो कि मेरा जन्मस्थान है
कुछ दिन हिमालय के
किसी नामालूम गाँव में
और मेरा अन्तःकरण अगर भूलता नहीं
तो कुछ दिन गान्धार के
किसी प्राचीन मठ में भी रह चुका हूँ मैं

अभी कुछ दिन हुए
मैं मध्येशिया गया था
शान्ति—मेरे बचपन की दोस्त
मुझे अन्तिम बार वहीं दिखी
जब मैं झुका था प्रार्थना में
एक सूफ़ी के मज़ार पर

कहते हैं आर्य
(न जाने वे कौन थे)
वहीं से आए थे
अपने मन्त्र और घोड़ों के साथ

कहते तो यह भी हैं
कि उनके घोड़े
उनके मन्त्रों की तरह सुन्दर थे
और उनके मन्त्र इतने शक्तिशाली
कि कई बार वही हवा में घुमड़कर
बन जाते थे घोड़े

अपनी स्मृति के भीतर की
किसी स्मृति को कुरेदता हूँ
तो लगता है जैसे यह जादुई कहानी

मैंने किसी बूढ़े घुमक्कड़ से सुनी थी
जब मैं चीनदेश से लौट रहा था
लेकिन चीनदेश मैं कब गया था
यह मेरे रोज़नामचे से
धुल–पुँछ गया है

सच्चाई यह है
कि अपनी त्वचा के भीतर
मैं आज भी इतना वानस्पतिक हूँ
कि जब भी मेरे माथे पर
गिरती है ओस
मेरे भीतर कुछ हो जाता है बेचैन
उससे बात करने के लिए

कभी–कभी लगता है
और पिछले कुछ समय से
कुछ ज़्यादा ही लगता है
कि ओस के आगे मेरी इसी लाचारी ने
मुझे ज़िन्दा रखा है अब तक
विश्व–बाज़ार के इस बढ़ते आतंक में

वैसे तो मैं वही हूँ
जो कि आपके सामने हूँ
जिससे आप मिलते रहे हैं अक्सर
हल्दी
कोटा
पाटन या पिपराइच में

पर वैशाली में मैं एक आम का पड़ था
श्रावस्ती में शायद एक भिक्खु का भिक्षापात्र
वाराणसी में एक नाव हो सकता था मैं
अगर मेरे बढ़ई ने मुझे छील–छालकर
एक पहिया न बना दिया होता
और सन् 1857 में जब पत्ते गिर रहे थे

और लोगों के सिर भी
तो शहर दिल्ली में
एक गली के मोड़ का पत्थर था मैं
जिसने ग़ालिब को देखा था
जलते हुए बाज़ार से कुछ चिनगारियाँ लेकर
घर लौटते हुए...

पर देखिए न,
लिखते-लिखते अचानक याद आया
समरकन्द के एक गड़रिए का एक ज़रूरी सन्देश
न जाने कब से पड़ा है मेरे थैले में
जिसे पहुँचाना था कुशीनारा के पास के
किसी छोटे-से गाँव में
और ऐसा भुलक्कड़ हूँ कि झुका हुआ बैठा हूँ
मोमबत्ती के सामने
और पूरी कर रहा हूँ वह कविता
जिसे लिखना शुरू किया था मेरे किसी पुरखे कवि ने
शायद सदियों पहले

और देखता हूँ कि नीमअँधेरे में
मैंने यही तो किया है
कि हटा दिया है कोई हलन्त्
लगा दी है कहीं बिन्दी
उलट दिया है कोई विशेषण
उड़ा दी है कोई तिथि
और तुर्रा यह–
कि मैंने कविता की है!

2001

जे.एन.यू. में हिन्दी

जी, यही मेरा घर है
और शायद यही वह पत्थर जिस पर सिर रखकर सोई थी
वह पहली कुल्हाड़ी

जिसने पहले वृक्ष का शिकार किया था

इस पत्थर से आज भी
एक पसीने की गन्ध आती है
जो शायद उस पहले लकड़हारे के शरीर की
गन्ध है–
जिससे ख़ुराक मिलती है
मेरे परिसर की सारी आधुनिकता को

इस घर से सटे हुए
बहुत-से घर हैं
जैसे एक पत्थर से सटे हुए बहुत-से पत्थर
और धूप हो कि वर्षा यहाँ नियम यह
कि हर घर अपने में बन्द
अपने में खुला

पर बग़ल के घर में अगर पकता है भात
तो उसकी ख़ुशबू घुस आती है
मेरे किचन में
मेरी चुप्पी उधर के फूलदानों तक
साफ़ सुनाई पड़ती है
और सच्चाई यह है कि हम सबकी स्मृतियाँ
अपने-अपने हिस्से की बारिश से धुलकर
इतनी स्वच्छ और ऐसी पारदर्शी
कि यहाँ किसी का नम्बर
किसी को याद नहीं!

विद्वानों की इस बस्ती में जहाँ फूल भी एक सवाल है
और बिच्छू भी एक शब्द
मैंने एक दिन देखा एक अधेड़-सा आदमी
जिसके कन्धे पर अँगोछा था
और हाथ में एक गठरी
'अँगोछा'–इस शब्द से
लम्बे समय बाद मेरा मिलना हुआ

और वह भी जे.एन.यू. में!

वह परेशान-सा आदमी
शायद किसी घर का नम्बर खोज रहा था
और मुझे लगा—कई दरवाज़ों को खटखटा चुकने के बाद
अब वह हो गया था निराश
और लौट रहा था धीरे-धीरे

ज्ञान की नगरी से
उसका इस तरह जाना मुझे ऐसा लगा
जैसे मेरी पीठ पर कुछ गिर रहा हो सपासप्
कुछ देर मैंने उसका सामना किया
और जब रहा न गया चिल्लाया फूटकर—
'विद्वान लोगो, दरवाज़े खोलो
वह जा रहा है
कुछ पूछना चाहता था
कुछ जानना चाहता था वह
रोको...उस अँगोछेवाले आदमी को रोको...'

और यह तो मैंने बाद में जाना
उसके चले जाने के काफ़ी देर बाद
कि जिस समय मैं चिल्ला रहा था
असल में मैं चुप था
जैसे सब चुप थे
और मेरी जगह यह मेरी हिन्दी थी
जो भरे परिसर में
अकेली चिल्ला रही थी...

1997

एक ज़रूरी चिट्ठी का मसौदा

लिखूँगा
एक न एक दिन ज़रूर लिखूँगा
वह एक ज़रूरी चिट्ठी जो मुझे लिखनी है
पृथ्वी के सारे निवासियों के नाम

इतने दिन हो गए टालते-टालते
पर लगता है और अधिक टाल नहीं पाऊँगा
अभी कुछ दिन पहले तक
मेरे पास सबके पते थे
कुछ किताबों में खो गए
कुछ सूचनाओं की आँधी में हो गए लापता
बाद में पता चला पते भी कई बार
लापता हो जाते हैं

फिर भी लिखूँगा
एक-एक गन्ध
एक-एक स्पर्श को लिखूँगा

लिखूँगा—मेरे शहर में दुख रोज़-बरोज़
नाख़ून की तरह बढ़ता जा रहा है
मेरा पड़ोसी अक्सर जग पड़ता है आधी रात
और चिल्लाता है—बचाओ! बचाओ!
शायद उसने दुख को देख लिया है!
लिखूँगा कि उससे सम्पर्क किया जाए
ताकि दुख का—
दुनिया के सारे दुख की जड़ का
पता चल सके

फिर लिखूँगा कि ख़ुशी भी इन दिनों
उतनी ही अटपटी
और असह्य लगती है
फिर भी मैं ख़ुश हूँ
क्योंकि मिलना चाहता हूँ दुनिया के
एक-एक शख़्स से
और यद्यपि मैं किसी से कभी नहीं मिला
पर हवा की तरह पानी की तरह
मैं सबको जानता हूँ
और जिसे जानता हूँ उसे भूलने का गुर

पहले ही भूल चुका हूँ
यह एक सज़ा है–लिखूँगा
जो सिर्फ़ मुझे दी गई है
इस सज़ा में थोड़ा–थोड़ा हिस्सा
सबका होना चाहिए

अन्त में लिखूँगा कि पृथ्वी के एक छोटे-से
नागरिक के नाते मेरा सुझाव है
कि हो सके तो हर धड़कन के साथ
एक अदृश्य तार जोड़ दिया जाए
कि एक को प्यास लगे
तो हर कंठ में ज़रा-सी बेचैनी हो
अगर एक पर चोट पड़े
तो हर आँख हो जाए थोड़ी-थोड़ी नम
और किसी अन्याय के विरुद्ध
अगर एक को क्रोध आए
तो सारे शरीर
झनझनाते रहें कुछ देर तक

लिखूँगा
एक-एक धड़कन
एक-एक साँस को लिखूँगा
एक न एक दिन ज़रूर लिखूँगा

बस ज़रा फ़ुर्सत तो मिले! *2000*

बुद्ध की मुस्कान

जिस दिन पोखरण में बम-विस्फोट हुआ
मैं एक कवि से मिलने
उसके घर गया था

वृद्ध कवि
अपने आसन से उठकर
हैरान-परेशान-सा घूम रहा था कमरे में

कभी वह खिड़की के पास जाता था
कभी अपनी किताब के पास
और सुकून जैसे यहाँ था
न वहाँ

अचानक वह रुका
उसने मेरी तरफ़ देखा
और धीरे से बोला—
सुनो, मेरी समस्या यह है
कि वह कौन-सा नियम है भाषा का
जिससे पोखरण में होनेवाला बम-विस्फोट
चुपके से बन गया था बुद्ध की मुस्कान

चुपके से कुछ नहीं हुआ था
राजकीय कूटभाषा में वह बुद्ध की मुस्कान थी
जिसे दुनिया ने सुना था
बम के विस्फोट की तरह
'ध्वंस है—
यह भाषा का सरासर ध्वंस है'
बुदबुदा रहा था कवि
और कभी वह किताब के पास जाता था
कभी खिड़की के पास
कि अचानक ख़ुशी से चीख़ उठा वह—
वो देखो...वो देखो...
उन परों का हिलना भी
एक छोटा-सा विस्फोट है
दुनिया के सारे विस्फोटों के ख़िलाफ़

मैंने देखा वह एक तितली थी
पीली-सी
जिसके छोटे-छोटे पर
बार-बार टकरा रहे थे कवि की दीवार से
जैसे उसे तोड़ना चाहते हों

उस समय
मुझे उचित यही लगा
कि भाषा के ध्वंस से उड़ी हुई धूल
और दीवार से टकराती हुई तितली के साथ
छोड़ दिया जाए कवि को
उसके अकेलेपन की गहरी
और पवित्र गरिमा में

सो मैं उठा
और चुपके से निकल आया बाहर

बाहर धूप थी
और शहर में थम चुका था
पोखरण की दिशा से उठा हुआ शोर
पर मेरी चेतना में
कवि की दीवार से चिपकी हुई तितली
और उसके विरुद्ध छटपटाते उसके छोटे-छोटे पर
कहीं अब भी थरथरा रहे थे

पाठको, मुझे क्षमा करना
कि ज़िक्र अणु बम का
और मैं एक तितली के पक्ष में
बकवास कर रहा हूँ! *1996*

धूप में घोड़े पर बहस

वे तीनों धूप में बैठे थे
और घोड़े पर बहस कर रहे थे

वह सुन्दर है—एक ने कहा
ग़लत—दूसरे ने काटा
वह सिर्फ़ ठोस है—बेहद ठोस

तीसरा जो कि अब तक चुप था
धीरे से बोला—वह इतना ठोस है

कि उस पर बहस नहीं हो सकती

क्यों नहीं हो सकती—पहला चीख़ा
ज़रूर हो सकती है—दूसरे ने हामी भरी

तीसरा चुप था
बल्कि कहना चाहिए ख़ुश था
वह बीड़ी की राख झाड़ते हुए बोला—
मगर घोड़ा कहाँ है?

तो क्या हुआ
घोड़े पर बहस तो हो सकती है
पहले ने कहा

हो सकती है मगर मुझे दुख है
मैंने बरसों से घोड़ा नहीं देखा—
तीसरे की आवाज़ में एक अजीब-सा दर्द था

घोड़े कम होते जा रहे हैं
पहले ने कहा

ठीक—मगर यही तो सवाल है
कि घोड़े क्यों कम होते जा रहे हैं
दूसरे ने उत्तर दिया

वे बिक जाते हैं—पहले ने कहा

मगर कौन ख़रीदता है इतने सारे घोड़े
इसका आँकड़ा कहीं तो होगा—
दूसरे का सवाल था
है—मगर वह हमें मिल नहीं सकता
पहले ने 'है' पर ज़ोर देते हुए कहा

क्यों—क्यों नहीं मिल सकता—
दूसरा काँप रहा था

इसलिए कि घोड़े

आँकड़ों को रौंद देते हैं
पहले ने कहा

पहले की आवाज़ इतनी धीमी थी
मानो वह दूसरे से नहीं
ख़ुद से कह रहा हो

तीसरा जो कि अब तक चुप था
एकदम चीख़ा—दोस्तो
एक दिन आँकड़े उठेंगे
और सबको रौंद डालेंगे

इसके बाद लम्बे समय तक
कोई बहस नहीं हुई। *1975*

चींटियों की रुलाई

सुनो—इस शहर को यहाँ से उठाओ
और रख दो मेरे कन्धे पर
मैं इसे कहीं ले जाना चाहता हूँ
मैं ले जाना चाहता हूँ इस शहर को
इस शहर से दूर
जैसे गौरैया ले जाती है अपना मटर का दाना

सुनो, आज सुबह उठा तो आसमान मेरी खिड़की से इस तरह दिखा
जैसे कोई तौलिया सूख रहा हो
कौए की आवाज़ ऐसी सुनाई पड़ी
जैसे वह भोंपू की आवाज़ हो
एक जाता हुआ वायुयान ऐसा लगा
जैसे वह आता हुआ वायुयान हो
मेरी तरफ़!

सुनो, लगता है यह शहर अपनी जगह से खिसककर
किसी ग़लत अक्षांश पर आ गया है
कि अपनी धुरी से

उतर गए हैं इसके चक्के
और इस इतने बड़े शहर में अब इतनी भी जगह नहीं
कि एक गर्भवती चींटी
कहीं रख दे अपना अंडा

सुनो, देर बहुत हो चुकी है
बस ज़रा हाथ बढ़ाओ
और इस शहर को इसकी नींव की सारी
ऊष्मा समेत
यहाँ से उठाओ
और रख दो मेरे कन्धे पर
मैं इसे ले जाना चाहता हूँ किसी मेकैनिक के पास
और वह अगर न मिले तो किसी बूढ़े ख़ब्ती के पास ही
ले जाना चाहता हूँ इसे
सुनो, मुझे ख़ब्ती
बड़े काम के लगते हैं इन दिनों

नहीं—मुझे कोई भ्रम नहीं
कि मैं इसे ढोकर पहुँचा दूँगा कहीं और
या अपने किसी करिश्मे से
बचा लूँगा इस शहर को
मैं तो बस इसके कौओं को
उनका उच्चारण
इसके पानी को
उसका पानीपन
इसकी त्वचा को
उसका स्पर्श लौटाना चाहता हूँ

मैं तो बस इस शहर की
लाखोंलाख चींटियों की मूक रुलाई का
हिन्दी में अनुवाद करना चाहता हूँ

सुनो, क्या तुम सुन रहे हो उसे?

2001

मुक्ति

मुक्ति का जब कोई रास्ता नहीं मिला
मैं लिखने बैठ गया हूँ

मैं लिखना चाहता हूँ 'पेड़'
यह जानते हुए कि लिखना पेड़ हो जाना है
मैं लिखना चाहती हूँ 'पानी'

'आदमी' 'आदमी'—मैं लिखना चाहता हूँ
एक बच्चे का हाथ
एक स्त्री का चेहरा

मैं पूरी ताक़त के साथ
शब्दों को फेंकना चाहता हूँ आदमी की तरफ़
यह जानते हुए कि आदमी का कुछ नहीं होगा
मैं भरी सड़क पर सुनना चाहता हूँ वह धमाका
जो शब्द और आदमी की टक्कर से पैदा होता है

यह जानते हुए कि लिखने से कुछ नहीं होगा
मैं लिखना चाहता हूँ

1978

एक ठेठ देहाती कार्यकर्ता के प्रति

वक़्त-बेवक़्त
वह साइकिल दनदनाता हुआ चला आता है
कई बार मैं झुँझला उठता हूँ
उसके इस तरह आने पर
उसके सवालों और उसके तम्बाकू पर
तिलमिला उठता हूँ मैं
मैं बेहद परेशान हो जाता हूँ
उसकी ग़लत-सलत भाषा
उसके शब्दों से गिरती धूल
और उसके उन बालों पर
जो उसके माथे से पूरी तरह उड़ गए हैं

कई बार
उसकी भूकम्प-सी चुप्पी
मुझे अस्त-व्यस्त कर देती है

उसकी साइकिल में हवा
हमेशा कम होती है
हमेशा उसकी बग़ल में होता है
एक और कोई चेहरा
जिसे थाने पर बुलाया गया है

मुझे थाने से चिढ़ है
मैं थाने की धज्जियाँ उड़ाता हूँ
मैं उस तरफ़ इशारा करता हूँ
जिधर थाना नहीं है
जिधर पुलिस कभी नहीं जाती
मैं उस तरफ़ इशारा करता हूँ

वह धीरे से हँसता है
और मेरी मेज़ हिलने लगती है
मेरी मेज़ पर रखी किताबें
हिलने लगती हैं
मेरे सारे शब्द और अक्षर
हिलने लगते हैं

मैं उसे रोकता नहीं
न कहता हूँ कल परसों
दोपहर
शाम

वह उठता है
और दरवाज़ों को ठेलकर
चला जाता है बाहर

मेरी उम्मीद
उसका पीछा नहीं करती

सिर्फ़ कुछ देर तक
चील की तरह हवा में मँडराती है
और झपट्टा मारकर
ठीक उसी जगह बैठ जाती है
जहाँ से वह चला गया था

1981

ज़मीन

उसने तय किया वह बढ़ई के पास जाएगा
और बातचीत शुरू करेगा
पत्ते गिर रहे हैं और इस समय उसकी रुखानी का
ज़रा-सा हिलना भी निर्णायक हो सकता है

लाल पत्थर की तरह लग रही थी ज़मीन
जब उसने पहली बार देखा
और उसे याद आया यही मौसम है जब पेड़
सबसे ज़्यादा परेशान होते हैं
मेज़ और कुर्सियाँ बनने के लिए

अगर इस समय पेड़ को
पेड़ कहना बेमानी लगता है—
और ज़ाहिर है कि लगता है उसने सोचा—
तो उसे ताज़ा बुरादे की ठंडी ख़ुशबू कहने में
कोई हर्ज़ नहीं।

यह पशुओं के बुख़ार का मौसम है
यानी पूरी ताक़त के साथ
ज़मीन को ज़मीन
और फावड़े को फावड़ा कहने का मौसम
जब जड़ें
बकरियों के थनों की
गरमाहट का इन्तज़ार करती हैं

शुरू में दुनिया
एक थन की तरह लगती होगी उसने सोचा

और उसने कहा कोई बात नहीं
वह आज भी एक जानवर की तरह ठोस
और ख़ूबसूरत दिखती है

उसने एक औरत के बारे में सोचा
उसने एक दरख़्त की पीठ थपथपाई
उसने महसूस किया उसे भी चरनी चाहिए घास
जैसे घोड़े चरते हैं
इसमें शर्म की कोई बात नहीं

ज़मीन अपने कपड़े उतार रही थी
हवा में एक अजीब-सी ठंड थी
जिसमें ज़मीन का कत्थईपन मिला हुआ था

ज़मीन पक रही है—उसने कहा
और उसे लगा यह एक ऐसी ख़बर है
जो खरहों की माँद तक पहुँचा देनी चाहिए

वह ग़ायब हो गया
अब उसे खोजना बेकार था
जब बेतार के तार उसे ज़मीन के अन्दर तलाश रहे थे
वह बस्ती के सिरे पर एक मटर के दाने के बाहर खड़ा था
और उससे सटी हुई मिट्टी अपने नाख़ूनों से खुरच रहा था

उसे बेहद हैरानी हुई जब उसने देखा
खरहों की माँद में ज़मीन नहीं है!

उसने तय किया वह एक दिन
एक चाक़ू लाएगा और ज़मीन को बीचोबीच
आलू की तरह चीर देगा

वह ज़मीन की महक दर्ज़ी तक ले जाएगा
और कहेगा—'सिलो'

वह उस औरत के पास जाएगा
और कहेगा—सब्ज़ी अगर नहीं पकती

तो कोई बात नहीं
ज़मीन पक रही है

उसके सामने घोड़े की पीठ की तरह
फैली हुई थी ज़मीन
ज़मीन सिर्फ़ ज़मीन की तरह लग रही थी

सिर्फ़ ज़मीन थी
और ज़मीन का पकना था
जैसे बस्ती में गोश्त पक रहा हो

1973

रास्ता

बगुले उड़े जा रहे थे
नीचे चल रहे थे हम तीन जन
तीन जन शहर से आए हुए
क्वार की ताँबियाई धूप में
नहाए हुए तीन जन
चले जा रहे थे फैले कछार में
डूबते हुए दिन की पगडंडी पकड़कर
तीन जन ख़ुश
एक अजब विश्वास से भरे हुए तीन जन
कि हम जा रहे हैं ठीक
कि ज़रूर-ज़रूर
हम पहुँच ही जाएँगे
बगुलों की तरह अपने ठीक मुकाम पर
दिन डूबने से पहले

हम चले जा रहे थे चुप
किन्हीं बातों में खोए हुए
चले जा रहे थे हम
कि अचानक हमारे पाँव ज़रा ठिठके
कि अचानक हमने पाया–
रास्ता ख़त्म!

अब हमारे सामने
पके हुए ज्वार के
दूर तक फैले सिर्फ़ खेत ही खेत थे
और रास्ता नहीं था

क्या हुआ
किधर गया रास्ता
हम तीन जन सोचते रहे
खड़े
परेशान
कि हमें दूर दिखाई पड़ा
डूबते हुए सूरज के आसपास
एक बूढ़ा किसान
हम उसके पास गए
पूछा–'दादा, रास्ता किधर है?'

बूढ़ा कुछ नहीं बोला
वह देर तक हमें यों ही देखता रहा
फिर उसने नीचे से
एक ढेला उठाया
और उस तरफ़ फेंका
जिधर झुकी हुई चर रही थी
एक काली-सी गाय

अब गाय चलने लगी
पत्ते बजने लगे
और हमने देखा
जिधर ज्वार की लटकी हुई थैलियों को चीरती
चली जा रही थी गाय
उधर रास्ता था
उधर घास में
धँसे हुए खुर की तरह
चमक रहा था रास्ता

अब दृश्य बिलकुल साफ़ था
अब हमारे सामने
गाय थी
किसान था
रास्ता था
सिर्फ़ हमीं भूल गए थे
जाना किधर है!

बगुले
हमसे दूर
बहुत दूर निकल गए थे

1984

मैंने गंगा को देखा

मैंने गंगा को देखा
एक लम्बे सफ़र के बाद
जब मेरी आँखें
कुछ भी देखने को तरस रही थीं
जब मेरे पास कोई काम नहीं था
मैंने गंगा को देखा
प्रचंड लू के थपेड़ों के बाद
जब एक शाम
मुझे साहस और ताज़गी की
बेहद ज़रूरत थी
मैंने गंगा को देखा एक रोहू मछली की
डब-डब आँख में
जहाँ जीने की अपार तरलता थी
मैंने गंगा को देखा जहाँ एक बूढ़ा मल्लाह
रेती पर खड़ा था
घर जाने को तैयार

और मैंने देखा–
बूढ़ा ख़ुश था

वर्ष के उन सबसे उदास दिनों में भी
मैं हैरान रह गया यह देखकर
कि गंगा के जल में कितनी लम्बी
और शानदार लगती है
एक बूढ़े आदमी के ख़ुश होने की परछाईं!

अब बूढ़ा ज़रा हिला
उसने अपना जाल उठाया
कन्धे पर रखा
चलने से पहले
एक बार फिर गंगा की ओर देखा
और मुस्कुराया
यह एक थके हुए बूढ़े मल्लाह की
मुस्कान थी
जिसमें कोई पछतावा नहीं था
यदि थी तो एक सच्ची
और गहरी कृतज्ञता
बहते हुए चंचल जल के प्रति
मानो उसकी आँखें कहती हों–
'अब हो गई शाम
अच्छा भाई पानी
राम! राम!' *1984*

आवाज़

चुप रहने से कोई फ़ायदा नहीं
मैंने दोस्तों से कहा और दौड़ा
सीधे खेतों की ओर
कि शब्द कहीं पक न गए हों

यह दोपहर का समय था
और शब्द पौधों की जड़ों में सो रहे थे
ख़ुशबू यहीं से आ रही थी–मैंने कहा

यहीं–यहीं–शब्द यहीं हो सकता है
जड़ों में

पकते हुए दाने के भीतर
शब्द के होने की पूरी सम्भावना थी

मुझे लगा मुझे एक दाने के अन्दर
घुस जाना चाहिए
पिसने से पहले मुझे पहुँच जाना चाहिए
आटे के शुरू में

चक्की की आवाज़ के पत्थर के नीचे
मुझे होना चाहिए इस समय
जहाँ से
गाने की आवाज़ आ रही थी

यह माँ की आवाज़ है—मैंने कहा
चक्की के अन्दर माँ थी

पत्थरों की रगड़ और आटे की गन्ध से
धीरे–धीरे छन रही थी
माँ की आवाज़
फिर मैं सो गया
कब और कहाँ मुझे याद नहीं

सिर्फ़ चक्की चलती रही
और माँ की आवाज़ आती रही
रात भर

1976

दिशा

हिमालय किधर है
मैंने उस बच्चे से पूछा जो स्कूल के बाहर
पतंग उड़ा रहा था

उधर–उधर—उसने कहा
जिधर उसकी पतंग भागी जा रही थी

मैं स्वीकार करूँ
मैंने पहली बार जाना
हिमालय किधर है!

1970

रोटी

उसके बारे में कविता करना
हिमाक़त की बात होगी
और वह मैं नहीं करूँगा

मैं सिर्फ़ आपको आमंत्रित करूँगा
कि आप आएँ और मेरे साथ सीधे
उस आग तक चलें
उस चूल्हे तक–जहाँ वह पक रही है
एक अद्‌भुत ताप और गरिमा के साथ
समूची आग को गन्ध में बदलती हुई
दुनिया की सबसे आश्चर्यजनक चीज़
वह पक रही है

और पकना
लौटना नहीं है जड़ों की ओर

वह आगे बढ़ रही है
धीरे–धीरे
झपट्टा मारने को तैयार
वह आगे बढ़ रही है

उसकी गरमाहट पहुँच रही है आदमी की नींद
और विचारों तक

मुझे विश्वास है
आप उसका सामना कर रहे हैं

मैंने उसका शिकार किया है
मुझे हर बार ऐसा ही लगता है
जब मैं उसे आग से निकलते हुए देखता हूँ

मेरे हाथ खोजने लगते हैं
अपने तीर और धनुष
मेरे हाथ मुझी को खोजने लगते हैं
जब मैं उसे खाना शुरू करता हूँ

मैंने जब भी उसे तोड़ा है
मुझे हर बार वह पहले से ज़्यादा स्वादिष्ट लगी है
पहले से ज़्यादा गोल
और ख़ूबसूरत
पहले से ज़्यादा सुर्ख़ और पकी हुई

आप विश्वास करें
मैं कविता नहीं कर रहा
सिर्फ़ आग की ओर इशारा कर रहा हूँ

वह पक रही है
और आप देखेंगे—यह भूख के बारे में
आग का बयान है
जो दीवारों पर लिखा जा रहा है

आप देखेंगे
दीवारें धीरे-धीरे
स्वाद में बदल रही हैं।

1978

टमाटर बेचनेवाली बुढ़िया

वह टमाटर बेच रही है

मुझे टमाटरों की रोशनी में
उसका लहकता हुआ चेहरा दिखाई पड़ता है
यह माँ का चेहरा है—मैं ख़ुद से कहता हूँ
मुझे गोर्की की 'माँ' बेहतर याद आ रही है

गहरे सुर्ख़ टमाटर
उसकी टोकरी में भरे हैं
धूप टमाटरों को
चाक़ू की तरह चीर रही है

टमाटरों के अन्दर बहुत-सी नदियाँ हैं
और अनेक शहर जिन्हें बुढ़िया के अलावा
कोई नहीं जानता

एक गाहक आता है
और टोकरी हिलने लगती है
मुझे लगता है बुढ़िया टोकरी से
अपनी जगह बदल रही है
मैं काँपने लगता हूँ यह देखकर
कि टमाटर इस काम में
बुढ़िया की मदद कर रहे हैं

अब बुढ़िया के हाथ
टमाटरों से खेल रहे हैं
वह एक भूरे टमाटर को धीरे से उठाती है
और हरी पत्तियों के नीचे
छिपा देती है—माँ की तरह

मुझे बुढ़िया की यह हरकत
बेहद दिलचस्प लगती है
यह माँ का एक बिलकुल नया चेहरा है
जो हरी पत्तियों के नीचे से
झाँक रहा है

मैं उस चेहरे को ग़ौर से देखता हूँ
मैं देखता हूँ उस टोकरी को
जो बिलकुल उस चेहरे की तरह लग रही है

टोकरी में टमाटर हैं
पर टमाटरों के नीचे क्या है?
क्या है—क्या है हरी पत्तियों के नीचे
मैं बुढ़िया से पूछना चाहता हूँ

बुढ़िया चुप है
एकदम माँ की तरह।

1977

जनहित का काम

वह एक अद्‌भुत दृश्य था

मेह बरसकर खुल चुका था
खेत जुतने को तैयार थे
एक टूटा हुआ हल मेड़ पर पड़ा था
और एक चिड़िया बार-बार बार-बार
उसे अपनी चोंच से
उठाने की कोशिश कर रही थी

मैंने देखा
और मैं लौट आया
क्योंकि मुझे लगा, मेरा वहाँ होना
जनहित के उस काम में
दख़ल देना होगा

1981

फ़र्क़ नहीं पड़ता

हर बार लौटकर
जब अन्दर प्रवेश करता हूँ
मेरा घर चौंककर कहता है 'बधाई'

ईश्वर
यह कैसा चमत्कार है
मैं कहीं भी जाऊँ
फिर लौट आता हूँ

सड़कों पर परिचय-पत्र माँगा नहीं जाता
न शीशे में सबूत की ज़रूरत होती है
और कितनी सुविधा है कि हम घर में हों
या ट्रेन में
हर जिज्ञासा एक रेलवे टाइम टेबुल से
शान्त हो जाती है

आसमान मुझे हर मोड़ पर
थोड़ा-सा लपेटकर बाक़ी छोड़ देता है
अगला क़दम उठाने
या बैठ जाने के लिए

और यह जगह है जहाँ पहुँचकर
पत्थरों की चीख़ साफ़ सुनी जा सकती है

पर सच तो यह है कि यहाँ
या कहीं भी फ़र्क़ नहीं पड़ता
तुमने जहाँ लिखा है 'प्यार'
वहाँ लिख दो 'सड़क'
फ़र्क़ नहीं पड़ता

मेरे युग का मुहावरा है
फ़र्क़ नहीं पड़ता

अक्सर महसूस होता है
कि बग़ल में बैठे हुए दोस्तों के चेहरे
और अफ्रीका की धुँधली नदियों के छोर
एक हो गए हैं

और भाषा जो मैं बोलना चाहता हूँ
मेरी जिह्वा पर नहीं
बल्कि दाँतों के बीच की जगहों में
सटी हुई है

मैं बहस शुरू तो करूँ
पर चीज़ें एक ऐसे दौर से गुज़र रही हैं
कि सामने की मेज़ को
सीधे मेज़ कहना
उसे वहाँ से उठाकर
अज्ञात अपराधियों के बीच में रख देना है

और यह समय है
जब रक्त की शिरा शरीर से कटकर

अलग हो जाती है
और यह समय है
जब मेरे जूते के अन्दर की एक नन्ही-सी कील
तारों को गड़ने लगती है। 1964

हॉकर

इस शहर में
हर आदमी छिपा रहा है
अपनी प्रेमिका का नाम

सिवा उस हॉकर के
जो सड़क पर चिल्ला रहा है
वियतनाम! वियतनाम! 1966

बारिश

वह अचानक शुरू हुई
बकरियाँ उसके लिए बिलकुल तैयार नहीं थीं
वे देर तक चीख़ती-चिल्लाती रहीं
मगर पानी पूरी ताक़त के साथ
गटर और उनके गोश्त में उतरता जा रहा था

उनके थन भीगकर भारी हो गए थे

वह सींझने की तैयारी थी
एक तेज़ और लम्बे जिरह की शुरुआत
जिसमें खजूर के पत्ते तक
हिस्सा ले रहे थे

जिरह के बीचोबीच एक गधा खड़ा था
खड़ा था और भीग रहा था
पानी उसकी पीठ और गर्दन की
तलाशी ले रहा था
उसके पास छाता नहीं था

सिर्फ़ जबड़े थे जो पूरी ताक़त के साथ
बारिश और सारी दुनिया के ख़िलाफ़
बन्द कर लिये गए थे

यह सामना करने का
एक ठोस और कारगर तरीका था
जो मुझे अच्छा लगा

बौछारें
तेज़ होती जा रही थीं
पहली बार लगा
कोई किसी को पीट रहा है
जैसे अँधेरे में दरवाज़े पीटे जाते हैं

जो पिट रहा था
उसे देखना मुश्किल था
सिर्फ़ उसकी पीठ से ख़ून गिर रहा था
सिर्फ़ उसके जूते सड़क पर पड़े थे
और बारिश पूरी मुस्तैदी के साथ
उनकी निगरानी कर रही थी
जूते
बारिश में भीगकर
एक अजब ढंग से ख़ूबसूरत लग रहे थे

गधा अब भी उसी तरह खड़ा था
सिर्फ़ उसके जबड़े
कुछ और सख़्त हो गए थे
कुछ और मोटे
कुछ और बेडौल

गधा इतना भीग चुका था
कि अब वह
उस पूरे दृश्य के
नायक की तरह लग रहा था।

1972

जब वर्षा शुरू होती है

जब वर्षा शुरू होती है
कबूतर उड़ना बन्द कर देते हैं
गाली कुछ दूर तक भागती हुई जाती है
और फिर लौट आती है

मवेशी भूल जाते हैं चरने की दिशा
और सिर्फ़ रक्षा करते हैं उस धीमी गुनगुनाहट की
जो पत्तियों से गिरती है
सिप् सिप् सिप् सिप्...

जब वर्षा शुरू होती है
एक बहुत पुरानी-सी खनिज गन्ध
सार्वजनिक भवनों से निकलती है
और सारे शहर पर छा जाती है

जब वर्षा शुरू होती है
तब कहीं कुछ नहीं होता
सिवा वर्षा के

आदमी और पेड़
जहाँ पर खड़े थे वहीं पर खड़े रहते हैं
सिर्फ़ पृथ्वी घूम जाती है उस आशय की ओर
जिधर पानी के गिरने की क्रिया का रुख़ होता है। *1973*

एक छोटा-सा अनुरोध

आज की शाम
जो बाज़ार जा रहे हैं
उनसे मेरा अनुरोध है
एक छोटा-सा अनुरोध
क्यों न ऐसा हो कि आज शाम
हम अपने थैले और डोलचियाँ
रख दें एक तरफ़
और सीधे धान की मंजरियों तक चलें

चावल ज़रूरी हैं
ज़रूरी है आटा दाल नमक पुदीना
पर क्यों न ऐसा हो कि आज शाम
हम सीधे वहीं पहुँचें
एकदम वहीं
जहाँ चावल
दाना बनने से पहले
सुगन्ध की पीड़ा से छटपटा रहा हो

उचित यही होगा
कि हम शुरू में ही
आमने-सामने
बिना दुभाषियों के
सीधे उस सुगन्ध से
बातचीत करें

यह रक्त के लिए अच्छा है
अच्छा है भूख के लिए
नींद के लिए

कैसा रहे
बाज़ार न आए बीच में
और हम एक बार
चुपके से मिल आएँ चावल से
मिल आएँ नमक से
पुदीने से
कैसा रहे
एक बार... सिर्फ़ एक बार... *1987*

जो एक स्त्री को जानता है

हवा को बहने दो
और उस स्त्री को भूल जाओ
जिसे तुम प्यार करते हो

इसमें तुम्हें जंगली पत्तों की ख़ुशबू
और एक जानवर के रोओं की गरमाहट मिलेगी
तुम्हें एक मज़बूत पत्थर मिलेगा
जिस पर तुम बैठ सकते हो

पत्थर को छुओ
तुम्हें पानी का संगीत सुनाई पड़ेगा

एक पत्ता उठा लो
और तुम पाओगे तुम उसकी नसों में
ख़ून की तरह बह रहे हो

तुम बाहर निकलोगे
और तुम्हें सूरज मिल जाएगा

अपनी भेड़ों को हाँकता हुआ गड़रिया सूरज
उसे देखो
उसे पहचानो
उसे महसूस करो अपनी गर्दन और ललाट पर

यह एक आँच है जो तुम्हें धीरे-धीरे
उस यातना के लिए तैयार करेगी
जो कि तुम ख़ुद हो

अगले बुधवार के बाद
हो सकता है पिछला शनिवार
तुम्हें बिलकुल न याद रहे
हो सकता है तुम अपने शहर में घुसो
और तुम्हें लगे कि शहर
एक स्त्री की अनुपस्थिति का दूसरा नाम है

(शहर का पहला नाम क्या है
यह कोई नहीं जानता)

तुम पेड़ को देखोगे
और तुम्हें लगेगा वह अपनी जड़ें
तुम्हारी तरफ़ फेंक रहा है

जड़ें तुम्हारे ख़ून में फैलती जा रही हैं
तुम्हें लगेगा
उन्हें सहो—उन्हें सूँघो—उन्हें फैलने दो
यह जड़ों का संगीत है
जो तुम्हारी नसों में बज रहा है

घड़ी मत देखो
समय की सूचना तुम्हें पेड़ भी दे सकते हैं
तुम्हें पत्ते भी उछाल सकते हैं
ठीक उसी तरफ़ जिधर तुम्हें जाना है

हवा को बहने दो

आगे बढ़ो—थोड़ा और आगे
और तुम पाओगे तुम भूलते जा रहे हो दिन
और नाम और तारीख़ें
तुम भूलते जा रहे हो शहर और रंग
और चेहरे

पर आँखें फिर भी रह जाएँगी
नहाने के बाद देह में बची हुई ऊष्मा की तरह
वे फिर भी रह जाएँगी तुम्हारे अन्दर
और तुम्हें लगेगा
तुम्हारी आत्मा में घास उग रही है

चौंको मत इसमें कोई अजूबा नहीं है
जो एक स्त्री को जानता है
उसके लिए कुछ भी—कुछ भी अजूबा नहीं है

आगे बढ़ो—थोड़ा और आगे
अन्त में
सबसे अन्त में तुम्हें नदी दिखाई पड़ेगी
एक लम्बे सफ़र के बाद नदी को देखना
तुम्हें रोमांचकारी लगेगा

तुम हैरान रह जाओगे यह देखकर
कि पानी में आज भी वही चमक है
जो पिछले मार्च में तुमने देखी थी। 1978

नए दिन के साथ

नए दिन के साथ
एक पन्ना खुल गया कोरा
हमारे प्यार का

सुबह,
इस पर कहीं अपना नाम तो लिख दो

बहुत से मनहूस पन्नों में
इसे भी कहीं रख दूँगा।
और जब-जब
हवा आकर
उड़ा जाएगी अचानक बन्द पन्नों को
कहीं भीतर
मोरपंखी की तरह रक्खे हुए उस नाम को
हर बार पढ़ लूँगा। 1958

तुम आईं

तुम आईं
जैसे छीमियों में धीरे-धीरे
आता है रस
जैसे चलते-चलते एड़ी में
काँटा जाए धँस
तुम दिखीं
जैसे कोई बच्चा
सुन रहा हो कहानी
तुम हँसी
जैसे तट पर बजता हो पानी
तुम हिलीं

जैसे हिलती है पत्ती
जैसे लालटेन के शीशे में
काँपती हो बत्ती!
तुमने छुआ
जैसे धूप में धीरे-धीरे
उड़ता है भुआ

और अन्त में
जैसे हवा पकाती है गेहूँ के खेतों को
तुमने मुझे पकाया
और इस तरह
जैसे दाने अलगाए जाते हैं भूसे से
तुमने मुझे ख़ुद से अलगाया। *1967*

हाथ

उसका हाथ
अपने हाथ में लेते हुए मैंने सोचा
दुनिया को
हाथ की तरह गरम और सुन्दर होना चाहिए। *1980*

जाना

मैं जा रही हूँ—उसने कहा
जाओ—मैंने उत्तर दिया
यह जानते हुए कि जाना
हिन्दी की सबसे ख़ौफ़नाक क्रिया है। *1978*

दो लोग

तुमने अकेले आदमी को पहाड़ से उतरते हुए देखा है?
मैं कहूँगा—कविता
एक शानदार कविता

मगर उन्हें तुम क्या कहोगे
वे दो लोग जो उस पेड़ के नीचे बैठे हैं

महज़ दो लोग

कितने घंटों कितने दिन कितनी शताब्दियों से
वहाँ बैठे हैं दो लोग
क्या तुम बता सकते हो?

दो लोग ज़रा देर बाद उठेंगे
और समूचे शहर को अपनी पीठ पर लादकर
किसी नदी या पहाड़ की तरफ़ चल देंगे दो लोग

दो लोग क्या करेंगे इस दुनिया का
तुम कुछ नहीं कह सकते!

दो लोग फिर लौटेंगे
किसी भरी दोपहरी में सड़क के किनारे
तुम्हें अचानक मिल जाएँगे दो लोग

मगर क्यों दो लोग
और हमेशा दो लोग?

क्या एक को तोड़ने से बन जाते हैं दो लोग?

दो लोग तुम्हारी भाषा में ले आते हैं
कितने शहरों की धूल और उच्चारण
क्या तुम जानते हो?

दो लोग
सड़क के किनारे महज़ चुपचाप चलते हुए दो लोग
तुम्हारे शहर को कितना अनन्त बना देते हैं
तुमने कभी सोचा है? *1978*

होंठ

हर सुबह
होंठों को चाहिए कोई एक नाम
यानी एक ख़ूब लाल और गाढ़ा-सा शहद
जो सिर्फ़ मनुष्य की देह से टपकता है

कई बार
देह से अलग
जीना चाहते हैं होंठ
वे थरथराना-छटपटाना चाहते हैं
देह से अलग
फिर यह जानकर
कि यह सम्भव नहीं
वे पी लेते हैं अपना सारा ग़ुस्सा
और गुनगुनाने लगते हैं
अपनी जगह

कई बार सलाख़ों के पीछे
एक आवाज़
एक हथेली
या सिर्फ़ एक देहरी के लिए
तरसते हुए होंठ
धीरे-धीरे हो जाते हैं
पत्थर की तरह सख़्त
और पत्थर के भी होंठ होते हैं
बालू के भी
राख के भी
पृथ्वी तो यहाँ से वहाँ तक
होंठ ही होंठ है

चाहे जैसे भी हो
होंठों को हर शाम चाहिए ही चाहिए
एक जलता हुआ सच
जिसमें हज़ारो-हज़ार झूठ
जगमगा रहे हों

होंठों को बहुत-कुछ चाहिए
उन्हें चाहिए 'हाँ' का नमक
और 'ना' का लोहा

और कई बार दोनों
एक ही समय

पर असल में
अपना हर बयान दे चुकने के बाद
होंठों को चाहिए
सिर्फ़ दो होंठ
जलते हुए
खुलते हुए
बोलते हुए होंठ

1986

आना

आना
जब समय मिले
जब समय न मिले
तब भी आना

आना
जैसे हाथों में
आता है जाँगर
जैसे धमनियों में
आता है रक्त
जैसे चूल्हों में
धीरे-धीरे आती है आँच
आना

आना जैसे बारिश के बाद
बबूल में आ जाते हैं
नए-नए काँटे
दिनों को
चीरते-फाड़ते
और वादों की धज्जियाँ उड़ाते हुए
आना

आना जैसे मंगल के बाद
चला आता है बुध
आना

1989

नमक

एक शाम शहर से गुज़रते हुए
नमक ने सोचा
मैं क्यों हूँ नमक

और जब कुछ नहीं सूझा
तो वह चुपके से घुस गया एक घर में

घर सुन्दर था
जैसा कि आमतौर पर होता है
अक्तूबर के शुरू में

एक चम्मच में गिरते हुए
नमक ने सोचा
चलो, अब सब ठीक हो जाएगा

फिर ज़रा दम लेने के बाद
वह उठा
चूल्हे के पास तक गया
और धीरे से घुल गया दाल में
सब्ज़ी में

और ठीक समय पर
जब सज गई मेज़
और शुरू हुआ खाना
तो सबसे अधिक ख़ुश था नमक ही
जैसे उसकी जीभ अपनी ही बोटी के
स्वाद का इन्तज़ार कर रही हो

कि ठीक उसी समय

पुरुष जो कि सबसे अधिक चुप था
धीरे से बोला-
"दाल फीकी है"
"फीकी है?"
स्त्री ने आश्चर्य से पूछा
"हाँ, फीकी है-
मैं कहता हूँ दाल फीकी है"
पुरुष ने लगभग चीख़ते हुए कहा

अब स्त्री चुप
कुत्ता हैरान
बच्चे एकटक
एक-दूसरे को ताकते हुए

फिर सबसे पहले पुरुष उठा
फिर बारी-बारी मेज़ से उठ गए सब
एक नमक को छोड़कर

दाल में पड़े-पड़े
एक छिलके के नीचे से आँख उठाकर
नमक ने देखा बच्चों की ओर
बच्चे कुत्ते की ओर देख रहे थे
कुत्ता देख रहा था
जाती हुई स्त्री की ओर

न सही दाल
कुछ-न-कुछ फीका ज़रूर है
सब सोच रहे थे
लेकिन वह क्या है?

नमक को लगा
उस समूचे घर में एक कुत्ते के अलावा
इसे कोई नहीं जानता।

1990

बोझे

फसल कट चुकी
बोझे बाँधे जा रहे हैं

एक ज़िद्दी चील
हवा में मँडरा रही है
हवा में तैर रही हैं बहुत-सी
उदास आँखें
और अब भला मैं यह कैसे बताऊँ
कि जब बोझे बाँधे जा रहे हैं
तीन-चार मेमने
अपनी सारी सुन्दरता के साथ
चरने में व्यस्त हैं

कुछ हाथ हैं
जो झूल रहे हैं बग़ल में
कुछ हाथ हैं जो ताबड़तोड़
बाँध रहे हैं बोझे
जैसे बोझे चुराए गए हों
सूरज की टाल से

मेमने चर रहे हैं
और वे बाँध रहे हैं बोझे
पर मैं
मैं यहाँ क्यों हूँ!
क्यों मैं देख रहा हूँ
एक हल्की-सी पीड़ा
और एक धुँधली-सी उम्मीद के साथ
बार-बार बोझों का
खुलना और बँधना

और लो
अब बँध चुके बोझे

बँध चुका बहुत-कुछ
जो गन्ध और हँसी की तरह
फैला हुआ था

कुछ लोग अब जा रहे हैं
अपने बोझे उठाकर
कुछ और भी हैं
जो अब भी खड़े हैं
अपने बोझे के इन्तज़ार में

मैं उन्हें देखता हूँ
और हो जाता हूँ परेशान
क्योंकि बोझे अब धीरे-धीरे
कम होते जा रहे हैं

सोचता हूँ
जब सारे बोझे उठ जाएँगे
जब किसी के पास
ढोने के लिए नहीं कुछ होगा
सिवा अपने सिर के
तो कितनी ख़ाली-ख़ाली
लगेगी दुनिया
कितने सूने-सूने
दिखेंगे सिर

1983

पानी एक रोशनी है

इन्तज़ार मत करो
जो कहना हो कह डालो
क्योंकि हो सकता है फिर कहने का
कोई अर्थ न रह जाए

सोचो
जहाँ खड़े हो, वहीं से सोचो

चाहे राख से ही शुरू करो
मगर सोचो

उस जगह की तलाश व्यर्थ है
जहाँ पहुँचकर यह दुनिया
एक पोस्ते के फूल में बदल जाती है

नदी सो रही है
उसे सोने दो
उसके सोने से
दुनिया के होने का अन्दाज़ मिलता है
पूछो
चाहे जितनी बार पूछना पड़े
चाहे पूछने में जितनी तकलीफ़ हो
मगर पूछो
पूछो कि गाड़ी अभी कितनी लेट है

अँधेरा बज रहा है
अपनी कविता की किताब रख दो एक तरफ़
और सुनो-सुनो
अँधेरे में चल रहे हैं
लाखों-करोड़ों पैर

पानी एक रोशनी है
अँधेरे में यही एक बात है
जो तुम पूरे विश्वास के साथ
दूसरे से कह सकते हो

1981

कलाकार से

चट्टान को तोड़ो
वह सुन्दर हो जाएगी
उसे और तोड़ो
वह और, और सुन्दर होती जाएगी

अब उसे उठाओ
रख लो कन्धे पर
ले जाओ किसी शहर या क़स्बे में
डाल दो किसी चौराहे पर
तेज़ धूप में तपने दो उसे

जब बच्चे आएँगे
उसमें अपने चेहरे तलाश करेंगे

अब उसे फिर से उठाओ
अबकी ले जाओ किसी नदी या समुद्र के किनारे
छोड़ दो पानी में
उस पर लिख दो वह नाम
जो तुम्हारे अन्दर गूँज रहा है
वह नाव बन जाएगी

अब उसे फिर से तोड़ो
फिर से उसी जगह खड़ा करो चट्टान को
उसे फिर से उठाओ
डाल दो किसी नींव में
किसी टूटी हुई पुलिया के नीचे
टिका दो उसे
उसे रख दो
किसी थके हुए आदमी के आसपास

अब लौट आओ
तुमने अपना काम पूरा कर लिया है
अगर कन्धे दुख रहे हों
कोई बात नहीं
यक़ीन करो कन्धों पर
कन्धों के दुखने पर यक़ीन करो
यक़ीन करो, यक़ीन करने पर
यक़ीन न करने पर यक़ीन करो
यक़ीन करो

और खोज लाओ
कोई नई चट्टान 1977

पृथ्वी रहेगी

मुझे विश्वास है
यह पृथ्वी रहेगी
यदि और कहीं नहीं तो मेरी हड्डियों में
यह रहेगी जैसे पेड़ के तने में
रहती हैं दीमकें
जैसे दाने में रह लेता है घुन
यह रहेगी प्रलय के बाद भी मेरे अन्दर
यदि और कहीं नहीं तो मेरी ज़बान
और मेरी नश्वरता में
यह रहेगी

और एक सुबह मैं उठूँगा
मैं उठूँगा पृथ्वी समेत
जल और कच्छप समेत मैं उठूँगा
मैं उठूँगा और चल दूँगा उससे मिलने
जिससे वादा है
कि मिलूँगा 1983

शहर में रात

बिजली चमकी, पानी गिरने का डर है
वे क्यों भागे जाते हैं जिनके घर है
वे क्यों चुप हैं जिनको आती है भाषा
वह क्या है जो दिखता है धुआँ-धुआँ-सा
वह क्या है हरा-हरा-सा जिसके आगे
हैं उलझ गए जीने के सारे धागे
यह शहर कि जिसमें रहती हैं इच्छाएँ
कुत्ते-भुनगे-आदमी-गिलहरी-गाएँ
यह शहर कि जिसकी ज़िद है सीधी-सादी

ज़्यादा-से-ज़्यादा सुविधा सुख आज़ादी
तुम कभी देखना इसे सुलगते क्षण में
यह अलग-अलग दिखता है हर दर्पण में
साथियो, रात आई, अब मैं जाता हूँ
इस आने-जाने का वेतन पाता हूँ
जब आँख लगे तब सुनना धीरे-धीरे
किस तरह रात-भर बजती हैं ज़ंज़ीरें

1982

उठो मेरे सोए हुए धागो

उठो मेरे सोए हुए धागो

उठो कि दर्ज़ी की मशीन चलने लगी है
उठो कि धोबी पहुँच गया है घाट पर
उठो कि नंग-धड़ंग बच्चे
जा रहे हैं स्कूल
उठो मेरी सुबह के धागो
और मेरी शाम के धागो, उठो

उठो कि ताना कहीं फँस रहा है
उठो कि भरनी में पड़ गई हैं गाँठ
उठो कि नावों के पाल में
कुछ सूत कम पड़ रहे हैं

उठो
झाड़न में
मोज़ों में
टाट में
दरियों में दबे हुए धागो उठो
उठो कि कहीं कुछ ग़लत हो गया है
उठो कि इस दुनिया का सारा कपड़ा
फिर से बुनना होगा
उठो मेरे टूटे हुए धागो,
और मेरे उलझे हुए धागो,

उठो
कि बुनने का समय हो रहा है

1982

यह अग्निकिरीटी मस्तक

सब चेहरों पर सन्नाटा
हर दिल में गड़ता काँटा
हर घर में गीला आटा
यह क्यों होता है?

जीने की जो कोशिश है
जीने में यह जो विष है
साँसों में भरी कशिश है
इसका क्या करिए?

कुछ लोग खेत बोते हैं
कुछ चट्टानें ढोते हैं
कुछ लोग सिर्फ़ होते हैं
इसका क्या मतलब?

मेरा पथराया कन्धा
जो है सदियों से अन्धा
जो खोज चुका हर धन्धा

क्यों चुप रहता है?
यह अग्निकिरीटी मस्तक
जो है मेरे कन्धों पर
यह ज़िन्दा भारी पत्थर
इसका क्या होगा?

1983

धीरे धीरे हम

धीरे धीरे पत्ती
धीरे धीरे फूल
धीरे धीरे ईश्वर
धीरे धीरे धूल

धीरे धीरे लोग
धीरे धीरे बाग
धीरे धीरे भूसी
धीरे धीरे आग

धीरे धीरे मैं
धीरे धीरे तुम
धीरे धीरे वे
धीरे धीरे हम

ऊँचाई

मैं वहाँ पहुँचा
और डर गया

मेरे शहर के लोगो
यह कितना भयानक है
कि शहर की सारी सीढ़ियाँ मिलकर
जिस महान् ऊँचाई तक जाती हैं
वहाँ कोई नहीं रहता! *1969*

शीतलहरी में एक बूढ़े आदमी की प्रार्थना

ईश्वर
इस भयानक ठंड में
जहाँ पेड़ के पत्ते तक ठिठुर रहे हैं
मुझे कहाँ मिलेगा वह कोयला
जिस पर इन्सानियत का ख़ून गरमाया जाता है
एक ज़िन्दा
लाल
दहकता हुआ कोयला
मेरी अँगीठी के लिए बेहद ज़रूरी
और हमदर्द कोयला
मुझे कहाँ मिलेगा इस ठंड से अकड़े हुए शहर में

जहाँ वह हमेशा छिपाकर रखा जाता है
घर के पिछवाड़े
या ग़ुसलख़ाने की बग़ल में
हथेलियों की रगड़ में दबा रहता है जो
जो इरादों में होता है
जो यकायक सुलग उठता है याददाश्त की हदों पर
पस्ती के दिनों में
मुझे कहाँ मिलेगा वह कोयला
मेरे ईश्वर!
मुझे क्या करना चाहिए इस दिन का
जिसमें कोयला नहीं है
मुझे क्या करना चाहिए इस ठंड का
जो बराबर बढ़ती जा रही है
क्या मैं भी इन्तज़ार करूँ
जैसे सब कर रहे हैं
क्या मैं उठूँ और अपने-आपको बदल लूँ
एक कोयला झोंकनेवाले बेलचे में
क्या मैं बाज़ार जाऊँ
और अपनी आत्मा के लिए ख़रीद लूँ
एक अच्छा-सा कनटोप?

मेरे ईश्वर
क्या मेरे लिए इतना भी नहीं कर सकते
कि इस ठंड से अकड़े हुए शहर को बदल दो
एक जलती हुई बोरसी में!

1982

सुई और तागे के बीच में

माँ मेरे अकेलेपन के बारे में सोच रही है
पानी गिर नहीं रहा
पर गिर सकता है किसी भी समय
मुझे बाहर जाना है
और माँ चुप है कि मुझे बाहर जाना है

यह तय है
मैं जाऊँगा तो माँ को भूल जाऊँगा
जैसे मैं भूल जाऊँगा उसकी कटोरी
उसका गिलास
वह सफेद साड़ी जिसमें काली किनारी है
मैं एकदम भूल जाऊँगा
जिसे इस समूची दुनिया में माँ
और सिर्फ़ मेरी माँ पहनती है

उसके बाद सर्दियाँ आ जाएँगी
और मैंने देखा है कि सर्दियाँ जब भी आती हैं
तो माँ थोड़ा और झुक जाती है
अपनी परछाईं की तरफ़
ऊन के बारे में उसके विचार
बहुत सख़्त हैं

मृत्यु के बारे में बेहद कोमल
पक्षियों के बारे में
वह कभी कुछ नहीं कहती
हालाँकि नींद में
वह ख़ुद एक पक्षी की तरह लगती है

जब वह बहुत ज़्यादा थक जाती है
तो उठा लेती है सुई और तागा
मैंने देखा है कि जब सब सो जाते हैं
तो सुई चलानेवाले उसके हाथ
देर रात तक
समय को धीरे-धीरे सिलते हैं
जैसे वह मेरा फटा हुआ कुर्ता हो

पिछले साठ बरसों से
एक सुई और तागे के बीच
दबी हुई है माँ
हालाँकि वह ख़ुद एक करघा है

जिस पर साठ बरस बुने गए हैं
धीरे-धीरे तह पर तह
ख़ूब मोटे और गझिन और खुरदरे
साठ बरस

1980

सन् 47 को याद करते हुए

तुम्हें नूर मियाँ की याद है केदारनाथ सिंह
गेहुँए नूर मियाँ
ठिगने नूर मियाँ
रामगढ़ बाज़ार से सुरमा बेचकर
सबसे अन्त में लौटनेवाले नूर मियाँ
क्या तुम्हें कुछ भी याद है केदारनाथ सिंह

तुम्हें याद है मदरसा
इमली का पेड़
इमामबाड़ा
तुम्हें याद है शुरू से अख़ीर तक
उन्नीस का पहाड़ा
क्या तुम अपनी भूली हुई स्लेट पर
जोड़-घटाकर
यह निकाल सकते हो
कि एक दिन अचानक तुम्हारी बस्ती को छोड़कर
क्यों चले गए थे नूर मियाँ
क्या तुम्हें पता है
इस समय वे कहाँ हैं
ढाका
या मुल्तान में
क्या तुम बता सकते हो?
हर साल कितने पत्ते गिरते हैं
पाकिस्तान में

तुम चुप क्यों हो केदारनाथ सिंह
क्या तुम्हारा गणित कमज़ोर है

1983

इब्राहिम मियाँ का हालचाल

कभी-कभी विचित्र फ़ोन आते हैं
आदमी के पास
अभी कल ही की बात है
दोपहर की झपकी में लगा
जैसे फ़ोन घरघरा रहा है
मैंने चोंगा उठाया
और पाया दूसरी तरफ़ पिता की आवाज़ है
वही जो चले गए थे दुनिया से
तीन साल पहले

आवाज़ इतनी साफ़ थी
और इतनी आत्मीय
कि वह हो ही नहीं सकती थी
किसी और की आवाज़
मेरे पिता के सिवा
सो, मुझे लगा वे कह रहे हैं—
रात भर बुरी-बुरी ख़बरें
आती रहीं गुजरात से
जाओ और पूछ आओ इब्राहिम मियाँ का
हालचाल

इब्राहिम मियाँ!
मुझे कुछ पल लगे
उनका चेहरा याद करने में
पहले याद आया उनका ऊँट
याद आया वह लम्बा-सा घुमावदार छन्द
जो सिर्फ़ एक ऊँट के चलने में होता है
फिर याद आए बच्चे
जो दौड़ पड़ते थे ऊँट के पीछे-पीछे
और पूछते थे इब्राहिम मियाँ से
एक अद्भुत सवाल—

'इब्राहिम मियाँ! इब्राहिम मियाँ!
क्या आपका ऊँट हुक्का पीता है?*
और सोच में पड़ जाता था मैं
कि ऊँट का भला हुक्के से क्या काम?
फिर मेरा मन कहता था कहीं न कहीं
कुछ न कुछ है ज़रूर
जिसे–रेणु से भाषा उधार लेकर कहूँ–
तो ऊँट से घटा दो
वह शाही हुक्के की तरह दिखेगा
हुक्के में जोड़ दो
तो वह लगेगा ऊँट की तरह!

पर जो भी हो
वह पिता का आदेश था
और जैसे भी हो मुझे पहुँचना ही था
इब्राहिम मियाँ के पास
जो पिता के दोस्त थे–
एकदम पहली पाठशाला के दोस्त!
सो मैं उठा और चल दिया
उस बस्ती की तलाश में
कैसे और कितना समय लगा
वहाँ तक पहुँचने में
इस ब्योरे में नहीं जाऊँगा
मुख़्तसर यह कि जैसे-तैसे पहुँच ही गया
उस छोटी-सी बस्ती के उस ओसारे के सामने
जहाँ सबसे पहले एक मेमना मिला
जो इस कठिन समय में भी
उछल रहा था बाहर
फिर एक बकरी मिली
जो ठीक वहीं बँधी थी

---

* सन्दर्भ–भोजपुरी का एक बालगीत : 'ऊँटवा घरघुँटवा तमाकू पियेला'।

जहाँ कभी खड़ा रहता था ऊँट
अन्त में इब्राहिम मियाँ मिले

ऊँट बकरी में कैसे बदल गया?
पूछना चाहता था मैं
पर मैंने ख़ुद को रोका
फिर पिता का हवाला दिया
और धीरे से पूछा–
'कैसे हैं इब्राहिम मियाँ?'

वे कुछ देर एकटक देखते रहे मुझे
फिर बोले–
कह देना पिता से सब ठीक-ठाक है
हवा है
पानी है
बस्ती के बाहर एक छोटा-सा क़ब्रिस्तान है
सब ठीक-ठाक है!

अब आप ही बताएँ
मैं लौट तो आया हूँ इब्राहिम मियाँ से मिलकर
पर कैसे और क्या सूचित करूँ
अपने दिवंगत पिता को
जो अब भी मेरे उत्तर की प्रतीक्षा में होंगे?

जगरनाथ

कैसे हो मेरे भाई जगरनाथ?
कितने बरस बाद तुम्हें देख रहा हूँ
यह गुम्मट-सा क्या उग आया है
तुम्हारे ललाट पर?
बच्चे कैसे हैं?
कैसा है वह नीम का पेड़
जहाँ बँधती थी तुम्हारी बकरी?
मैं?
मैं तो बस ठीक ही हूँ

खाता हूँ
पीता हूँ
बक-बक कर आता हूँ क्लास में
यदि मिल गया समय तो दिन में भी
मार ही लेता हूँ दो-एक झपकी
पर हमेशा लगता है मेरे भाई
कि कहीं कुछ गड़बड़ ज़रूर है
पर छोड़ो, तुम कैसे हो?
कैसा चल रहा है कामधाम?
अरे वो?
उसे जाने दो
वह बनसुग्गों की पाँत थी
जो अभी-अभी उड़ गई हमारे ऊपर से
वह है तो है
नहीं है तो भी चलती ही रहती है ज़िन्दगी
पर यह भी सच है मेरे भाई
कि कई दिनों बाद
यदि आसमान में कहीं दिख जाए
एक हिलता हुआ लाल या पीला-सा डैना
तो बड़ी राहत मिलती है जी को
पर यह तो बताओ
तुम्हारा जी कैसा है आजकल?
क्या इधर बारिश हुई थी?
क्या शुरू हो गया आमों का पकना?
यह एक अजब-सा फल है मेरे भाई
सोचो तो एक स्वाद और ख़ुशबू से
भर जाती है दुनिया
पर यह क्या?
तुम्हारे होंठ फड़क क्यों रहे हैं?
तुम अब तक चुप क्यों हो मेरे भाई?
ज़रा पास आओ

मुझे बहुत-कुछ कहना है
अरे, तुम इस तरह खड़े क्यों हो?
क्यों मुझे देख रहे हो इस तरह?
क्या मेरे शब्दों से आ रही है
झूठ की गन्ध
क्या तुम्हें जल्दी है?
क्या जाना है काम पर?
तो जाओ
जाओ मेरे भाई
रोकूँगा नहीं
जाओ...जाओ...

और इस तरह
वह चला जा रहा था
मुझे न देखता हुआ
और उस न देखने की धार से
मुझे चीरता-फाड़ता हुआ
मेरा बचपन का साथी
जगरनाथ दुसाध! *1984*

कैलाशपति निषाद की स्मृति में

सिर्फ़ एक गमछा भी
हो सकता है आदमी का सबसे बड़ा मित्र
एक साइकिल भी उतनी ही निष्ठा
और उतने ही ताप से निभा सकती है प्रेम
वषो-वर्षों तक
एक चुप रहना भी हो सकता है
भरी सभा में सबसे तेज़ बोलना
एक जोड़ी चप्पल भी काफ़ी है
सारे भूगोल को नाप डालने के लिए
एक साधु
एक फ़क़ीर

एक भिक्षुक भी दे सकता है साथ
जीवन की लम्बी उदास यात्रा में
एक झाँझ
एक मजीरा
एक पुराना ढोलक भी पहुँचा सकता है
उदात्त ऊँचाइयों तक
एक पगडंडी
एक बस का पायदान
एक फुटपाथ भी बहुत है
जीवन-भर सिर्फ़ चलते रहने
और कहीं पहुँचने के तिलिस्म को
ध्वस्त करने के लिए

कौन कह सकता था
कि ऐसे भी आ सकती है मृत्यु
जैसे आते हैं पक्षी...

गड़रिए का चेहरा

यहाँ तक आते-आते
मैं बहुत-कुछ भूल चुका हूँ
बहुत-कुछ जिसे याद रखना
बहुत ज़रूरी था

पर भेरे लिए यह बताना
बेहद मुश्किल है कि इतने दिनों बाद भी
मुझे क्यों याद है
एक बूढ़े उदास गड़रिए का चेहरा
जिसे मैंने एक दिन
नदी में देखा था
जहाँ उसकी भेड़ें पानी पी रही थीं
मैंने देखा—वहाँ उसकी झुर्रियों में
अब भी जगह थी
जहाँ एक चिड़िया

अपना घोंसला बना सकती थी

फिर भेड़ें रह गईं वहीं
और न जाने कैसे
मेरे संग-संग चला आया
पानी और कीचड़ समेत वह ज़िन्दा चेहरा
जिससे इतने बरस बाद भी
मेरे अन्दर बूँदें टपक रही हैं

अब क्या करूँ इस चेहरे का?
क्या यह सम्भव है कि जाऊँ
और फिर से छोड़ आऊँ
उसी नदी में?
क्या टाँग दूँ दीवार पर?
क्या है कोई खूँटी
जो सँभाल ले एक ज़िन्दा चेहरे को?
फिर क्या किया जाए?

मेरे दोस्त, कितना मुश्किल है
भरी सड़क पर
एक पत्ते की तरह उड़ना
और इस शहर दिल्ली में
सुबह से शाम तक
अपनी चेतना के अन्दर
एक बूढ़े उदास गड़रिए का चेहरा
लिये-लिये फिरना?

1983

तू फू और ली पै

पहले घोड़ों ने पहचाना
एक-दूसरे को
फिर ली पै ने दूर से
तू फू की दाढ़ी की श्वेतिमा पहचानी
इस तरह एक लम्बी यात्रा के अचानक मोड़ पर

मिल गए दो घुमक्कड़ महाकवि
यह आठवीं सदी की कोई शाम रही होगी
यद्यपि इतिहास में इसका कोई ज़िक्र नहीं।
ली पै ने मिलते ही तू फू से पूछा–
'यार, कुछ दुबले दिखते हो
क्या कविता के रोग ने कर दिया है जर्जर?'
तू फू मुस्कुराए
बोले–'वह बुख़ार तो दोनों ओर है प्यारे
और शायद उतना ही तेज़!
पर इसका क्या करूँ कि जी ही नहीं लगता
घूमता ही रहता हूँ उत्तर से दक्खिन
दक्खिन से उत्तर
पेइचिंग से नानकिंग
नानकिंग से पीली नदी...
बस जी ही नहीं लगता!'

अब ली पै चुप
उस चुप्पी को तोड़ते हुए
तू फू ने पूछा–
'पर तुम कैसे हो मेरे भाई,
कुछ अपनी तो कहो?'

'भई, मेरा क्या'–ली पै बोल–
'अगर रास्ते में मिल गया कोई पेड़
कोई भिक्खु
कोई गड़रिया
कोई पागल–
तो भी हो जाता हूँ निहाल
बस और क्या चाहिए!'

तू फू ज़रा जल्दी में थे
उन्होंने घोड़े को एड़ मारी
और बोले–'यार, जा तो रहा हूँ

पर सात बरस हुए
पता नहीं बच्चे पहचानेंगे भी या नहीं?'

'शायद तुम्हारा घोड़ा
इसमें मदद करे'–हँसते हुए कहा ली पै ने
और फिर जोड़ा–
'आख़िर हम भी तो उनके लिए
घोड़े ही हैं
और वह भी शायद काठ के!'

हँस पड़े दोनों कवि
जैसे दो पहाड़
उन्हें लगा उनके घोड़े भी
हँस रहे हैं!

2003

जब मैं मिलारेपा को पढ़ रहा था

मैं तो वहीं था महाशय
आपने मुझे देखा नहीं
पर देखते भी कैसे
मैं मिलारेपा को पढ़ रहा था
और पंक्तियों के बीच
कहीं भूल गया था रास्ता

रास्ता मैं अक्सर भूल जाता हूँ
और अपनी गली में तो और भी
पर मिलारेपा के साथ भूल जाने का
अपना ही मज़ा था
क्योंकि तब हर देवदार
मेरे घर का दरवाज़ा था
और हर नदी मेरा भूला हुआ रास्ता
वे दुख की खुली हुई आँखें थीं दो
जो हर अक्षर में थीं
और सोई नहीं थीं बरसों से
और लगता था शब्दों की ओट में

कहीं अभी–अभी जन्मा एक भेड़ का बच्चा है
जो सिर्फ़ अपने खड़े होने भर से
बचा सकता है दुनिया को

वह तिब्बत के पठार पर
अपना क्षितिज खोजता हुआ
एक लम्बा सूर्यास्त था
जो कि मिलारेपा की कविताएँ थीं

मिलारेपा–एक प्रार्थना का नाम है महाशय

और दुनिया की सबसे सुन्दर प्रार्थना
एक मकई के दाने में निवास करती है
कहा एक पंक्ति ने मेरे कान में गुनगुनाकर
जब मैं मिलारेपा को पढ़ रहा था

2000

शब्द

ठंड से नहीं मरते शब्द
वे मर जाते हैं साहस की कमी से
कई बार मौसम की नमी से
मर जाते हैं शब्द

मुझे एक बार
एक ख़ूब लाल
पक्षी जैसा शब्द
मिल गया था गाँव के कछार में
मैं उसे ले आया घर
पर ज्यों ही वह पहुँचा चौखट के पास
उसने मुझे एक बार
एक अजब–सी कातर दृष्टि से देखा
और तोड़ दिया दम

तब से मैं डरने लगा शब्दों से
मिलने पर अक्सर काट लेता था कन्नी
कई बार मैं मूँद लेता था आँख

जब देखता था कोई चटक रंगोंवाला
रोएँदार शब्द बढ़ा आ रहा है मेरी तरफ़

फिर धीरे–धीरे इस खेल में
मुझे आने लगा मज़ा
एक दिन मैंने बिलकुल अकारण
एक ख़ूबसूरत शब्द को दे मारा पत्थर
जब वह धान के पुआल में
साँप की तरह दुबका था
उसकी सुन्दर चमकती हुई आँखें
मुझे अब तक याद हैं

अब इतने दिनों बाद
मेरा डर कम हो गया है
अब शब्दों से मिलने पर
हो ही जाता है पूछापेखी
अब मैं जान गया हूँ उनके छिपने की
बहुत–सी जगहें
उनके बहुत से रंग
मैं जान गया हूँ
मसलन मैं जान गया हूँ
कि सबसे सरल शब्द वे होते हैं
जो होते हैं सबसे काले और कत्थई
सबसे जोखिम भरे वे जो हल्के पीले
और गुलाबी होते हैं
जिन्हें हम बचाकर रखते हैं
अपने सबसे भारी और दुखद क्षणों के लिए
अक्सर वही ठीक मौक़े पर
लगने लगते हैं अश्लील

अब इसका क्या करूँ
कि जो किसी काम के नहीं होते
ऐसे बदरंग

और कूड़े पर फेंके हुए शब्द
अपनी संकट की घड़ियों में
मुझे लगे हैं सबसे भरोसे के क़ाबिल

अभी कल ही की बात है
अँधेरी सड़क पर
मुझे अचानक घेर लिया
पाँच-सात स्वस्थ और सुन्दर शब्दों ने
उनके चेहरे ढँके हुए थे
पर उनके हाथों में कोई तेज़
और धारदार-सी चीज़ थी
जो चमक रही थी बुरी तरह
अपनी तो भूल गई सिट्टी-पिट्टी
पसीने से तर
मैं कुछ देर खड़ा रहा उनके सामने
अवाक्
फिर मैं भागा
अभी मेरा एक पाँव हवा में उठा ही था
कि न जाने कहाँ से एक कुबड़ा-सा शब्द
हाँफता हुआ आया
और बोला–'चलो, पहुँचा दूँ घर!'

1985

हस्ताक्षर

बालू पर हवा के
असंख्य हस्ताक्षर थे
और उन्हें देखकर हैरान था मैं
कि मेरा हस्ताक्षर
हवा के हस्ताक्षर से
कितना मिलता है!

कैसे हुआ यह?
क्या मैंने हवा की
नक़ल की है

या हवा ने चुरा लिया है
मेरा हस्ताक्षर

दोनों में से
एक-न-एक को
जाली ज़रूर होना चाहिए
मैंने सोचा

पर अब सवाल यह था
कि तय कैसे हो
और हो तो किस अदालत में
कि कौन-सा हस्ताक्षर जाली है

मेरा
या हवा का?

1992

कुरुक्षेत्र में चाय

कुरुक्षेत्र में मिला नहीं काम
मुझे मिली एक बस
जो भागते-भागते मुझसे छूट गई थी

दिल्ली से एक बड़े बुज़ुर्ग कवि ने
लिखा था—
बेकार हो आ जाओ
काम मिल सकता है कुरुक्षेत्र में

कुरुक्षेत्र में काम?
पहले मैं चौंका
क्योंकि महाभारत पढ़ चुका था

फिर ख़ुद से कहा—चलो अपने राम
थैला उठाओ
हो आते हैं कुरुक्षेत्र

सो मैं गया

और आज इतने बरस बाद जब भी सोचता हूँ
कि मैं क्या लेकर लौटा कुरुक्षेत्र से
तो मेरा मन पलटकर पूछता है
तुम्हारे पुरखे क्या लेकर लौटे थे?
तुम तो फिर भी भाग्यशाली हो
कि जब भी कहते हो कुरुक्षेत्र
तो आँखों के आगे घूम जाते हैं
कुछ सुन्दर बलिष्ठ चेहरे
कुछ पत्थर बोलते-से
कुछ शहतीरें भीगती हुईं
कुछ ख़ुशबू शुरू–जुलाई की
बारिश की
जो किसी ढाबे की राख से छनकर
आ रही थी
और सबसे अन्त में
लेकिन सबसे पहले भी
चार आने की चाय का वह सोंधा-सा चुक्कड़
जिसे पी चुकने के बाद
तुम वहीं
उसी तरह छोड़ आए थे
कुरुक्षेत्र में।

1989

आग पर चलने का करिश्मा

यह उन दिनों की बात है
जब लोग आग पर चलने की घटनाओं पर
विश्वास करते थे
वह एक पूजा की तरह होता था
लगभग एक उत्सव की तरह
जिसमें बस्ती के पेड़-पौधे पशु-पक्षी
सब हिस्सा लेते थे

मेरी स्मृति में आज भी

एक दहकता अग्निकुंड है
एक तनी हुई लम्बी आग की रस्सी
जिस पर चलना था आदमी को
और वह पूरा माहौल एक द्रुत लय में
बज रहा था ढोल की तरह

जिसे चलना था आग पर
उसकी पहचान कुछ धुँधली पड़ चुकी है
पर जो याद है वह यह कि एक माला थी लम्बी-सी
मदार के फूलों की
जो झूल रही थी गले में
और आँखें थीं दो ख़ूब बड़ी-बड़ी
जो पूरे राग से
देख रही थीं आग को
और उत्तर में आग उन्हें देखती थी ऐसे
जैसे जानती हो सदियों से
यह सदियों का खेल था
जिसे पलभर में होना था

याद यह भी है कि आदमी झुककर
धीरे-धीरे कुछ कह रहा था
आग के कानों में
और हवा जैसे जल्दी-जल्दी
मेरे लिए करती जा रही थी
मेरी भाषा में उसका अनुवाद
जो कुछ इस तरह था–
'ओ आग,
ओ काठों में जन्मी
चूल्हों में पली
मसानों में जागती हुई पवित्र आग
मैं तुम्हें होंठों से छूना चाहता हूँ
मैं चाहता हूँ तुम्हें देखना सुनना सूँघना चखना

और सब एक साथ
मुझे धारण करो आग
मुझे प्यार करो
जैसे मेरे तलवों को प्यार करती है धरती'

वह मन्त्र-संगीत
देर तक गूँजता रहा आग के चारों ओर
कि अचानक उसे चीरते हुए दो लम्बे हाथ
आकाश की ओर उठे
जैसे सूर्य से अनुमति माँग रहे हों

इसमें कितना समय लगा
मेरी स्मृति से वह हिस्सा
धुल-पुँछ गया है
पर इसके बाद जो हुआ
वह एक अंगारे की तरह याद है
आदमी ने कुछ सोचा
फिर आव देखा न ताव
बस पहले ही अंगारे पर
रख दिया पाँव
तब से पाँव और अंगारा
मेरी स्मृति में गुँथे हुए
उसी तरह पड़े हैं
मैंने कोशिश बहुत की
पर एक को दूसरे से
अलगा नहीं सका आज तक

इसके बाद क्या हुआ
आग ने कितनी देर बर्दाश्त किया आदमी को
आदमी ने कितनी देर सामना किया आग का
यह एक सुन्दर गाथा है
जो इतनी सुन्दर है कि उस पर विश्वास करने से
बचता रहा हूँ मैं

पर इतने बरसों तक
अविश्वास करते-करते
मेरा मन अपने से ऊब चुका है पूरी तरह

मैं अपने पूरे वजूद से
आदमी के आग पर चलने के करिश्मे पर
विश्वास करना चाहता हूँ

1997

पिता के जाने पर

यह वह जगह थी
जहाँ अन्त भी धीरे-धीरे घुल जाता है हवा में
और वहीं से उठकर चले गए थे वे
अपने जर्जर पैरों से
सदी को नापते हुए
उनके जाने के दूसरे दिन
सबसे पहले नल में पानी आया
सूँ...सूँ...करता हुआ
और यह उनके जाने के बाद की
सबसे बड़ी घटना थी
जो पृथ्वी पर घटित हुई

फिर अख़बारवाला आया
और फेंककर चला गया अख़बार
सच को जाने बिना
उसका इस तरह जाना
उतना ही सहज था
जितना सुबह-सुबह नल में पानी का आना

फिर अगले दिन
डाकिया आया
और डाल गया एक चिट्ठी
जो उनके नाम थी
और चकित था मैं कि मृत्यु के बाद भी
मृत्यु को नकारती हुई आ सकती है चिट्ठी

फिर सातवें दिन कोई पंडित आया
और मुझसे कहा गया
इस समय वे पहुँचे होंगे
स्वर्ग से पहले के उस अन्तिम पड़ाव तक
जहाँ भूख और प्यास से चीख़ती हैं आत्माएँ

मेरी समझ में कुछ नहीं आया
पर पूछना व्यर्थ था
जानना शायद उससे भी व्यर्थ
सो जो-जो कहा गया
करता गया मैं
और चढ़ाता रहा हवा में
अन्न और जल
और दूध और फल
और कहीं एक ही साथ हँसता रहा रोता रहा
सारे कर्मकांड पर

जब थे तो बातें कम ही होती थीं
चुप्पा मैं ही था
वे तो बोलते ही रहते थे निरन्तर
चाहे चुप ही बैठे हों

यह क्या होता है आदमी के भीतर
कि उसकी चमड़ी के झूलते चले जाने के साथ-साथ
शब्दों में बढ़ने लगती है अर्थ की चमक
और होंठों की पपड़ियों से
छनकर आता है जाने वह क्या कुछ
एक शिशु के पहले स्तनपान की महक जैसा

इस महक से मेरा परिचय
पहली बार तब हुआ
जब भरी दोपहरी में मैंने एक दिन उन्हें देखा
एक पक्षी से बतियाते हुए

मैं टोकना चाहता था
पर लगा
एक पक्षी से बतियाते हुए पिता को टोकना
सुन्दरता के ख़िलाफ़ है
और इसलिए इस घूमती हुई पृथ्वी की
गति के ख़िलाफ़ भी

इसका सबसे तीखा अनुभव
मुझे उस समय हुआ
जब मैंने उन्हें मुखाग्नि दी
वही मुख जिसने मुझे चूमा था बार-बार
जला दिया मैंने उसे
शास्त्र का आदेश था
और मेरे भीतर का संशय
दोनों मिलकर मन्त्र पढ़ते रहे...

1997

अड़ियल साँस

पृथ्वी बुख़ार में जल रही थी
और इस महान पृथ्वी के
एक छोटे-से सिरे पर
एक छोटी-सी कोठरी में
लेटी थी वह
और उसकी साँस
अब भी चल रही थी

और साँस जब तक चलती है
झूठ
सच
पृथ्वी
तारे–सब चलते रहते हैं

डॉक्टर वापस जा चुका था
और हालाँकि वह वापस जा चुका था

पर अभी सबको उम्मीद थी
कि कहीं कुछ है
जो बचा रह गया है नष्ट होने से
जो बचा रह जाता है
लोग उसी को कहते हैं जीवन
कई बार उसी को
काई
घास
या पत्थर भी कह देते हैं लोग
लोग जो भी कहते हैं
उसमें कुछ न कुछ जीवन
हमेशा होता है

तो यह वही चीज़ थी
यानी कि जीवन
जिसे तड़पता हुआ छोड़कर
चला गया था डॉक्टर
और वह अब भी थी
और साँस ले रही थी उसी तरह

उसकी हर साँस
हथौड़े की तरह गिर रही थी
सारे सन्नाटे पर
ठक्-ठक् बज रहा था सन्नाटा
जिससे हिल उठता था दीया
जो रखा था उसके सिरहाने

किसी ने उसकी देह छुई
कहा–'अभी गरम है'
लेकिन असल में देह याकि दिया
कहाँ से आ रही थी जीने की आँच
यह जाँचने का कोई उपाय नहीं था
क्योंकि डॉक्टर जा चुका था

और अब ख़ाली चारपाई पर
सिर्फ़ एक लम्बी
और अकेली साँस थी
जो उठ रही थी
गिर रही थी
गिर रही थी
उठ रही थी...

इस तरह अड़ियल साँस को
मैंने पहली बार देखा
मृत्यु से खेलते
और पंजा लड़ाते हुए
तुच्छ
असह्य
गरिमामय साँस को
मैंने पहली बार देखा
इतने पास से

1984

पर्वस्नान

रेत पर
एक लाश रखी थी
एक पके ख़रबूज़ की ख़ुशबू
फैली थी रेत पर

दिन सुन्दर था
लेकिन उससे भी सुन्दर था
गंगा का दूर तक फैला कछार
जहाँ जल और बालू का
एक मिला-जुला संगीत
हवा में बज रहा था

दौरी-दुकानें लगी थीं
और ऋतु का पहला नहान

चल रहा था
एक लाल क्रौंच
चोंच से खुजला रहा था
अपनी भूरी गर्दन
एक काली स्त्री
अर्घ्य देने के बाद अपने बाल सुखा रही थी
कोई एक दाढ़ीवाला
लगातार पढ़े जा रहा था जल के मन्त्र
एक अन्धे की चादर पर
लोग फेंके जा रहे थे
तिल गुड़ और लावा
ऊपर कौए मँडरा रहे थे
और नीचे–
काँपते हुए जल में
अमरता की छपाछप होड़ मची थी

लाश टुकुर-टुकुर देख रही थी
जीवन का
एक अद्भुत उत्सव
मनाया जा रहा था
रेत पर

1984

पडरौना उर्फ शहर-बदल

वह एक छोटा-सा शहर था
जिसे शायद आप नहीं जानते
पर मैं ही कहाँ जानता था वहाँ जाने से पहले
कि दुनिया के नक्शे में
कहाँ है वह!

लेकिन दुनिया शायद उन्हीं छोटे-छोटे शहरों के
ताप से चलती है
जिन्हें हम-आप नहीं जानते।

जाने को तो मैं जा सकता था कहीं भी
क्या बुरा था भैंसालोटन?
हर्ज़ क्या था गया या गुंटूर जाने में?

पर गया मैं गया नहीं
(वैसे भी संन्यास मैंने नहीं लिया था)
कलकत्ते से मिला नहीं छन्द
जयपुर जा सकता था
पर गालता के पत्थरों ने खींचा नहीं मुझे
शहर अनेक थे जिनके नामों का जादू
उन युवा दिनों में
प्याज़ की छौंक की तरह खींचता था मुझे

पर हुआ यों कि उन नामों के बारे में
सोचते-सोचते
जब एक दिन थक गया
तो अटैची उठाई
और चप्पल फटकारते हुए
चल दिया पडरौना–उसी शहर में
जिसके नाम का उच्चारण
एक लड़की को लगता था ऊँट के कोहान की तरह

अब इतने दिनों बाद
कभी-कभी सोचता हूँ
मैं क्यों गया पडरौना?
कोई क्यों जाता है कहीं भी
अपने शहर को छोड़कर–
यह एक ऐसा रहस्य है
जिसके सामने एक शाम ठिठक गए थे ग़ालिब
लखनऊ पहुँचकर!
पर जो सच है वह सीधा-सा
सादा-सा सच है कि एक सुबह मैं उठा
बनारस को कहा राम-राम

और चल दिया उधर
जिधर हो सकता था पडरौना–
वह गुमनाम–सा शहर
जहाँ एक दर्ज़ी की मशीन भी इस तरह चलती थी
जैसे सृष्टि के शुरू से चल रही हो उसी तरह
और एक ही घड़ी थी
जिससे चिड़ियों का भी काम चलता था
और आदमी का भी

और समय था कि आराम से पड़ा रहता था
लोगों के कन्धों पर
एक गमछे की तरह!

पर हर शहर की तरह
उस छोटे–से शहर का भी अपना एक संगीत था
जो अक्सर एक पिपिहिरी से शुरू होता था
और ट्रकों के ताल पर चलता रहता था दिन भर
जिसमें हवा की मुरकियाँ थीं
और बैलगाड़ियों की मूर्च्छना
और धूल के उठते हुए लम्बे आलाप
और एक विलम्बित–सी तान दोपहरी–पसिंजर की
जो अक्सर सूर्यास्त के देर बाद आती थी

इस तरह एक दुर्लभ वाद्यवृन्द–सा
बजता ही रहता था महाजीवन
उस छोटे–से शहर का
जिसकी लय पर चलते हुए
कभी–कभी बेहद झुँझला उठता था मैं
कि [illegible] जो लोग थे उनके घुटनों में
एक ऐसा विकट और अथाह धीरज था
कि शाम के नमक के लिए
सुबह तक खड़े–खड़े कर सकते थे इन्तज़ार

नमस्कार! नमस्कार!

मैं कहता था उनसे
उत्तर में सिर्फ़ हँसते थे वे
जिसमें गूँजता था सदियों का संचित हाहाकार... 1999

'नया गाँव' की बत्ती

शायद मई का महीना था
मैं उसे जानता नहीं था
अचानक मिल गया था वह उस देहाती स्टेशन पर
12 बजे रात में।
पसिंजर से उतरे थे सिर्फ़ दो जन
मैं और वह।
'कहाँ जाना है'—उसने पूछा
'नया गाँव'—मैंने कहा
'चलिए, चलते हैं—उसकी बग़ल में ही मेरा गाँव है'—
आदमी की आवाज़ में
आदमी की आवाज़ की सहज खनक थी
सो, चल पड़ा मैं

दक्खिन गंगा के बहने की आवाज़ थी
उत्तर कुत्तों के भूँकने की आश्वस्ति
उस कच्चे रास्ते पर चलने के लिए
इतना ही काफ़ी था
कुछ दूर जाने पर आदमी बोला—
आगे एक नदी है—छोटी-सी
चिन्ता न करें—बस घुटनेभर पानी है

जब हम नदी पार कर रहे थे
हमारे पैरों की छप् छप्
पहुँच रही थी दूर भूँकते हुए कुत्तों तक
और उनका भूँकना होता जा रहा था तेज़
और अच्छा लग रहा था मुझे
लग रहा था कोई तीसरा भी है
जो चल रहा है हमारे साथ-साथ

'आपकी अटैची शायद भारी है'–
पानी हेलते हुए आदमी ने गहरी सहानुभूति से कहा
और धीरे-से अपने हाथ में ले ली मेरी अटैची
कृतज्ञ था मैं
और चलता रहा पीछे-पीछे

जैसे-तैसे पार हुई नदी
सामने बन्धा था–जहाँ से आ रही थी
ताज़ा मिट्टी की गन्ध
मिट्टी अँधेरे में ख़ुद एक रोशनी थी
जिसके सहारे बन्धे पर चढ़ रहे थे हम।
ऊपर पहुँचकर आदमी ने कहा–
'वो...वो... रहा नया गाँव
वो जो पेड़ों की पीछे टिमटिमा रही है बत्ती'!

दूर कहीं बत्ती टिमटिमा ज़रूर रही थी
फिर भी बन्धे पर खड़ा रहा मैं
क्योंकि मेरी अटैची आदमी के हाथ में थी
उसने कहा–आप डर तो नहीं रहे हैं
देखिए, आदमी मैं बुरा नहीं हूँ
आज ही जेल से छूटा हूँ और जा रहा हूँ घर
ख़ाली हाथ जाना अच्छा नहीं लगता
सो लिये जा रहा हूँ आपकी अटैची?

चुप रहा मैं
क्योंकि दूसरा उपाय नहीं था
मेरी अटैची के साथ
अब चला जा रहा था वह
मेरी आँखों के आगे
उसका जाना अँधेरे में भी दूर तक
दिखता रहा मुझे

फिर मैं मुड़ा
और चल दिया नया गाँव की ओर

अभी कुछ ही दूर गया था कि लगा
पीछे कोई आ रहा है जल्दी-जल्दी
रुक गया मैं
देखा–यह वही आदमी था जो दौड़ता हुआ
चला आ रहा था मेरी तरफ़
अब वह बिलकुल पास था
उसने एक बार नफ़रत से मेरी ओर देखा

फिर मेरी अटैची मेरी तरफ़ फेंकते हुए बोला–
'सँभालिए, यह रहा आपका तोड़ा'*
बिना विरोध के अपनी अटैची मुझे देकर
आपने मुझे कर दिया निहत्था,
वरना अपना शिकार मैं ख़ुद करता हूँ
कहकर अँधेरे में वह हो गया ग़ायब

अटैची मैंने उठा ली
वह जस की तस थी
पर नया गाँव की बत्ती अब दिख नहीं रही थी

2004

हम जो सोचते हैं

न रास्ता कहीं मुड़ता है
न सड़कें कहीं जाती हैं।

'हम'–
एक जयघोष है
जिसे हवा
घर से चौराहे तक
दिन भर भटकाती है!

हर नया दिन
एक समझौता है
जो हमें जोड़ता है।
पर घंटे की हर चोट
कहीं न कहीं अलगाती है

एक गति है
जो हमसे छूटकर
नगर की तमाम घड़ियों से परे
कहीं चलती चली जाती है!

हर जेब के भीतर
कुछ दबे-दबे फूल हैं
और हर फूल के नीचे
एक मरी हुई भाषा
जिसे सूरज समझता है।

एक वाद्य है
जो देर-देर तक
हमारे नृत्य और लयों के बाद
कहीं सूने में
बजता है।

समुद्र
वहाँ नहीं है
जहाँ दिन के सतरंगे घोड़े
उतरते हैं

वह हमारे आसपास,
हमारी छाती में,
हमारी हड्डियों के भीतर है
जहाँ रात के सन्नाटे में
हम सोचते-से रहते हैं

सूर्योदय
चाहे एक
ख़ाली गुलदस्ता हो
चाहे एक आघातहीन
ताज़ा समाचार
पर बेशक हर बार
वह एक हल्का-सा उत्तर है

हम चुप हों
पर वह चुप्पी
बच्चे सुनते हैं
और यों
हमारा हर शब्द
किसी नए ग्रहलोक में
एक जन्मान्तर है। *1960*

रचना की आधीरात

अन्धकार! अन्धकार! अन्धकार
आती है
कानों में
फिर भी कुछ आवाज़ें
दूर बहुत दूर
कहीं
आहत सन्नाटे में
रह-रहकर
ईंटों पर
ईंटों के रखने की
फलों के पकने की
ख़बरों के छपने की
सोए शहतूतों पर
रेशम के कीड़ों के
जगने की
बुनने की...
और मुझे लगता है
जुड़ा हुआ इन सारी
नींदहीन ध्वनियों से
खोए इतिहासों के
अनगिनत ध्रुवान्तों पर

मैं भी रचना-रत हूँ
झुका हुआ घंटों से
इस कोरे काग़ज़ की भट्ठी पर
लगातार
अन्धकार! अन्धकार! अन्धकार! 1960

एक पारिवारिक प्रश्न

छोटे-से आँगन में
माँ ने लगाए हैं
तुलसी के बिरवे दो

पिता ने उगाया है
बरगद छतनार।

मैं अपना नन्हा गुलाब
कहाँ रोप दूँ!

मुट्ठी में प्रश्न लिए
दौड़ रहा हूँ बन-बन,
पर्वत-पर्वत,
रेती-रेती ...
बेकार। 1957

चिट्ठी

कल गाँव से
एक चिट्ठी आई
बहुत दिनों बाद

शायद नदी ने भेजी थी

न दिन
न तारीख़
न सिरनामा
बस ऊपर कोने में
एक बूँद की तरह

टँका था
छोटा-सा प्यारा-सा
गाँव का नाम--
'चकिया'

शहर के
उस सबसे व्यस्त चौराहे पर
सबसे छिपाकर
मैं देर तक पढ़ता रहा
उस खाली-खाली चिट्ठी को
और सारी चिट्ठी में
गूँजता रहा
चीख़ता रहा
बस एक ही शब्द
चकिया! चकिया!

मुझे याद आई
एक और भी चिट्ठी
जो बरसों पहले
मैंने दिल्ली में छोड़ी थी
पर आज तक
पहुँची नहीं चकिया

उम्मीद नहीं छोड़तीं कविताएँ

ज़रा हवा चलती है
कहीं एक पत्ता
पट् से
गिरता है ज़मीन पर
और एक छपती हुई कविता
अपने टाइप और फर्मे से छिटककर
हो जाती है अलग
एक अच्छी कविता

तरस खाने लगती है
अपने अच्छे होने पर

एक महान कविता
ऊबने लगती है
अपनी स्फटिक गरिमा के अन्दर

और जब सारा शहर सो जाता है
तो इन सारी कविताओं में
भरा अवसाद
दुनिया पर बरसता है
सारी-सारी रात

पर मौसम
चाहे जितना ख़राब हो
उम्मीद नहीं छोड़तीं कविताएँ
वे किसी अदृश्य खिड़की से
चुपचाप देखती रहती हैं
हर आते-जाते को
और बुदबुदाती हैं
धन्यवाद! धन्यवाद!

महानगर में कवि

इस इतने बड़े शहर में
कहीं रहता है एक कवि
वह रहता है जैसे कुएँ में रहती है चुप्पी
जैसे चुप्पी में रहते हैं शब्द
जैसे शब्द में रहती है डैनों की फड़फड़ाहट
वह रहता है इस इतने बड़े शहर में
और कभी कुछ नहीं कहता

सिर्फ़ कभी-कभी
अकारण
वह हो जाता है बेचैन
फिर उठता है

निकलता है बाहर
कहीं से ढूँढ़कर ले आता है एक खड़िया
और सामने की साफ़ चमकती दीवार पर
लिखता है 'क'

एक छोटा-सा
सादा-सा 'क'
देर तक गूँजता है समूचे शहर में

'क' माने क्या
एक बुढ़िया पूछती है सिपाही से
सिपाही पूछता है
अध्यापक से
अध्यापक पूछता है
क्लास के सबसे ख़ामोश विद्यार्थी से
'क' माने क्या
सारा शहर पूछता है

और इस इतने बड़े शहर में
कोई नहीं जानता
कि वह जो कवि है
हर बार ज्यों ही
उठाता है हाथ
ज्यों ही उस साफ़ चमकती दीवार पर
लिखता है 'क'
कर दिया जाता है क़त्ल!

बस इतना ही सच है
बाक़ी सब ध्वनि है
अलंकार है
रस-भेद है
मैं इससे अधिक उसके बारे में
कुछ नहीं जानता
मुझे खेद है

1984

प्रिय पाठक

प्रिय पाठक
मिलने आया था
पता चला आप बाहर हैं
इसलिए वापस जा रहा हूँ
यक़ीन करें मिलने आया था
कविता सुनाने नहीं
पहुँचने में कष्ट तो हुआ
पर ख़ुश हूँ कि अन्ततः पहुँच ही गया
आश्चर्य कि आपके मुहल्ले के
एक छोटे-से बच्चे ने
मुझे बता दिया आपके घर का
ठीक-ठीक नम्बर
वरना कौन कवि होता है इतना भाग्यशाली
जो अपने घर से चले
और सीधे पहुँच जाए
उस दुर्लभ नगर के उस अदृश्य द्वार पर
जो हमेशा एक पाठक का होता है

जा रहा हूँ
लेकिन फिर आऊँगा
आज नहीं तो कल
कल नहीं तो परसों
परसों नहीं तो बरसों बाद
हो सकता है अगले जनम में ही
भ्रम न हो कि मैं अगले जनम में
विश्वास करता हूँ
लेकिन प्रिय पाठक
एक कवि का काम चलता नहीं है
अगले जनम के बिना
वह यही तो करता है अधिक से अधिक

कि लोगों में
और यहाँ तक कि चीज़ों में भी
हमेशा बनी रहे
बार-बार जनम लेते रहने की इच्छा
जा रहा हूँ
लेकिन आपके दरवाज़े पर
चिड़िया के पर जैसा एक छोटा-सा काग़ज़
धीरे से रखकर
ताकि सनद रहे कि एक कवि आया था

कैसे कहूँ
उत्तर दीजिएगा
हमारे समय में
कोई एक पता होता नहीं कवि का
वह जितनी बार साँस लेता है
उतनी बार
बदल जाता है उसका पता
इसलिए डाकघर का संकट
बढ़ाना नहीं चाहता

प्रिय पाठक
अपराध क्षमा हो
कि आया और बिना मिले
जा रहा हूँ
सुबह का चला हूँ
हो गई शाम
जाते-जाते बस एक ही विनती है
कि देर-सबेर
आप जब भी लौटें
तो आप तक पहुँचे
पर आपकी शान्ति भंग न करे
एक कवि का प्रणाम।

1983-84

मोड़ पर विदाई

अब जाओ मेरी कविताओ
सामना करो तुम दुनिया का
यदि बजता है तो सिर्फ़ वहीं
यह इकतारा निरगुनिया का

जाओ खोजो, यदि कहीं ज़रा-सी
राख पड़ी हो ढाबे में
खोजना वहीं फिर लय अपनी
गलियों के शोर-शराबे में

बिखरे होंगे सब छन्द वहाँ
सब तुकें वहाँ लुढ़की होंगी
जो छूट गई थी पंक्ति, कहीं
कचरे पर वहीं पड़ी होगी

दो दस्तक हर दरवाज़े पर
फिर चल दो आगे उसी वक़्त
हर आमन्त्रण को राम-राम!
हर स्तुति, निन्दा से विरक्त

भरने दो अपने शब्दों में
सारे शहरों की ख़ाक-धूल
इस यात्रा में वापसी नहीं
बस चलते जाना है अकूल

घुस जाओ बीच सलाखों के
उन गुम चेहरों से मिल जाओ
मछुआरों से मैत्री कर लो
चूल्हों से आग चुरा लाओ

मँडराने दो ब्रह्मांडों को
अपनी खुदबुद के आसपास
भूखे का तसला बन जाओ
प्यासे का बन जाओ गिलास

बन सको अगर तो बजरी-गिट्टी
चाहे कुछ भी बन जाओ
ढल जाए न दिन, छुट जाए न बस
अब जाओ मेरी कविताओ!

2005

बाघ

आमुख

बिम्ब नहीं
प्रतीक नहीं
तार नहीं
हरकारा नहीं
मैं ही कहूँगा

क्योंकि मैं ही
सिर्फ़ मैं ही जानता हूँ
मेरी पीठ पर
मेरे समय के पंजों के
कितने निशान हैं

कि कितने अभिन्न हैं
मेरे समय के पंजे
मेरे नाख़ूनों की चमक से

कि मेरी आत्मा में जो ख़ुशी है
असल में वही है
मेरे घुटनों में दर्द

तलवों में जो जलन
मस्तिष्क में वही
विचारों की धमक

कि इस समय मेरी जिह्वा पर
जो एक विराट् झूठ है
वही है-वही है मेरी सदी का
सबसे बड़ा सच!

यह लो मेरा हाथ
इसे तुम्हें देता हूँ
और अपने पास रखता हूँ
अपने होंठों की
थरथराहट...

एक कवि को
और क्या चाहिए!

तीन

कथाओं से भरे इस देश में
मैं भी एक कथा हूँ
एक कथा है बाघ भी
इसलिए कई बार
जब उसे छिपने को नहीं मिलती
कोई ठीक-ठाक जगह
तो वह धीरे से उठता है
और जाकर बैठ जाता है
किसी कथा की ओट में

फिर चाहे जितना ढूँढ़ो
चाहे छान डालो जंगल की पत्ती-पत्ती
वह कहीं मिलता ही नहीं है
बेचारा भैसा
साँझ से सुबह तक
चुपचाप बँधा रहता है
एक पतली-सी जल की रस्सी के सहारे
और बाघ है कि उसे प्यास लगती ही नहीं
कि वह आता ही नहीं है
कई-कई दिनों तक
जल में छूटी हुई
अपनी लम्बी शानदार परछाईं को देखने

और जब राजा आता है
और जंगल में पड़ता है हाँका
और तान ली जाती है सारी बन्दूकें
उस तरफ़
जिधर हो सकता है बाघ
तो सचाई यह है
कि उस समय बाघ
यहाँ होता है न वहाँ
वह अपने शिकार का ख़ून
पी चुकने के बाद
आराम से बैठा होता है
किसी कथा की ओट में!

चार

इस विशाल देश के
धुर उत्तर में
एक छोटा-सा खँडहर है
किसी प्राचीन नगर का
जहाँ उसके वैभव के दिनों में
कभी-कभी आते थे बुद्ध
कभी-कभी आ जाता था
बाघ भी

दोनों अलग-अलग आते थे
अगर बुद्ध आते थे पूरब से
तो बाघ का क्या
कभी वह पश्चिम से आ जाता था
कभी किसी ऐसी गुमनाम दिशा से
जिसका किसी को
आभास तक नहीं होता था

पर कभी-कभी दोनों का
हो जाता था सामना

फिर बाघ आँख उठा
देखता था बुद्ध को
और बुद्ध सिर झुका
बढ़ जाते थे आगे

इस तरह चलता रहा
महान जीवन उस छोटे-से नगर का
बुद्ध की करुणा
और बाघ के आतंक की
एक-दूसरे को काटती हुई
दोहरी छाया में

वहाँ लोगों का ख़याल था
कि बुद्ध समझते हैं
बाघ की भाषा
पर बेचारे बाघ के लिए
बुद्ध की पाली
घास की तरह सुन्दर थी
और एकदम अखाद्य

इस तरह दोनों के बीच
एक अजब-सा रिश्ता था
जहाँ एक ओर भूख ही भूख थी
दूसरी ओर करुणा ही करुणा
और दोनों के बीच
कोई पुल नहीं था

पर कभी-कभी रातों में
जब हिमालय की चोटियों पर
गिरती थी बर्फ़
और नगर में चलती थीं तेज़ हवाएँ
तो नगर-वासी सोचते थे-
इसी झोंके में कहीं सिहरते होंगे बुद्ध
और कितना अजब है

कि इसी झोंके में
कहीं हिलता होगा बाघ भी!

छह

'ये आदमी लोग
इतने चुप क्यों रहते हैं आजकल?'
एक दिन बाघ ने लोमड़ी से पूछा
लोमड़ी की समझ में कुछ नहीं आया
पर उसने समर्थन में सिर हिलाया
और एकटक देखती रही बाघ के जबड़ों को
जिनसे अब भी ताज़ा ख़ून की गन्ध आ रही थी
फिर कुछ देर बाद कुछ सोचते हुए बोली–
'कोई दुख होगा उन्हें'

'कैसा दुख?'
बाघ ने तड़पकर पूछा
'यह मैं नहीं जानती
पर दुख का क्या
वह हो ही जाता है कैसे भी'
लोमड़ी ने उत्तर दिया

'हो सकता है
उन्हें कोई काँटा गड़ा हो!' बाघ ने पूछा

'हो सकता है
पर हो सकता है आदमी ही
गड़ गया हो काँटे को'
लोमड़ी ने धीरे से कहा
अबकी बाघ की समझ में
कुछ नहीं आया
पर उसने समर्थन में
उसी तरह सिर हिलाया
फिर धीरे से पूछा–

‘क्या आदमी लोग
पानी पीते हैं?’

‘पीते हैं’–लोमड़ी ने कहा–
‘पर वे हमारी तरह
सिर्फ़ सुबह–शाम नहीं पीते,
दिन–भर में जितनी बार चाहा
उतनी बार पीते हैं’

‘पर इतना पानी क्यों पीते हैं
आदमी लोग?’
बाघ ने आश्चर्य से पूछा

‘वही दुख–
मैंने कहा न!’
लोमड़ी ने उत्तर दिया

इस बार फिर
बाघ की समझ में कुछ नहीं आया
पर वह देर तक सिर झुकाए
उसी तरह सोचता रहा

यह ‘दुख’ एक ऐसा शब्द था
जिसके सामने बाघ
बिलकुल निरुपाय था।

आठ

मैं एक स्त्री को जानता हूँ
जो एक छोटे–से शहर में रहती थी
उसके पास ढेरों कहानियाँ थीं
बाघ के बारे में और नदियों के बारे में
जिनके नाम किताबों में नहीं कहीं मिलते

उसका विश्वास था
कि बाघ एक जादू है

और इतना विकट
कि अँधेरे में नाम लो
तो हो जाएगा प्रकट!

उसका ख़याल था
कि यह जो प्यार है
यह जो हम करते हैं एक-दूसरे से
या फिर नहीं करते
यह भी एक बाघ है
और इतना क़रीब
कि ध्यान से सुनो
तो तुम अपनी छाती में सुन सकते हो
उसके भारी पंजों के चलने की आवाज़

इसलिए अँधेरे में
वह ज़्यादातर चुप रहती थी
ज़्यादातर थरथराती रहती थी वह
यदि कुछ कहना हुआ
तो उसके काँपते हुए होंठ
धीरे-धीरे बोलते थे
सिर्फ़ कुछ शब्द
जिनका अर्थ कुछ भी हो सकता था
या फिर कुछ भी नहीं।

नौ

उस दिन बाघ को
लिखना सिखाया जा रहा था
कहाँ
कौन-सी पाठशाला में
यह बताना मेरे लिए बहुत मुश्किल है
काठ की एक बहुत बड़ी काली पटिया
उसके सामने रखी थी
जिस पर लोमड़ी ने कहा

लिखो–'ईश्वर'

बाघ ने कुछ सोचा
और धीरे से लिख दिया
एक बहुत बड़ी-सी
चीख़ जैसा लम्बा और टेढ़ा-मेढ़ा 'ई'

लोमड़ी ने कहा–ठीक
अब लिखो 'श्व'
बाघ पड़ गया मुश्किल में
उसके दाढ़ के नीचे कहीं दबा था 'श्व'
जो निकल नहीं रहा था

लोमड़ी चिल्लाई–
लिखो, लिखो

बाघ उसी तरह रुका रहा
और पटिया की कोर पर
चुपचाप झुका रहा

लोमड़ी चिल्लाई–
'श्व' मैं कहती हूँ लिखो 'श्व'

इस बार बाघ ने कुछ कोशिश की
गला साफ़ किया
और जैसे-तैसे लिख दिया 'श'

लोमड़ी ने सुधारा–
पूरा नहीं आधा
सिर्फ़ आधा लिखो 'श'
बाघ कुछ देर तक
काटता रहा
लिखता रहा

लिखता रहा
काटता रहा
फिर हारकर बोला–

नहीं-नहीं, मुझसे लिखा नहीं जाएगा
देर तक अख़-अख़ करता रहा बाघ

उसकी आँखों में एक अजब-सी
पीड़ा-भरी चमक थी
जैसे लड़ते-लड़ते
पहली बार
पछाड़ खा गया हो!

बारह

सवेरे-सवेरे
एक बच्चा रो रहा था
उसके हाथ से गिरकर
अचानक टूट गया था
उसका मिट्टी का बाघ
एक छोटा-सा सुन्दर बाघ
जो तारों से लड़ चुका था
जो लड़ चुका था चाँद और सूरज
और समुद्री डाकुओं से
ठीक उसकी आँखों के आगे
उसके हाथ से गिरा
और खट् से टूट गया

और अब वह रो रहा था
क्योंकि अब वह हैरान था
कि दुनिया की सबसे ताक़तवर चीज़
कितनी आसानी से गिरी
और टूट गई

सुनहली धूप में
उसकी आँसू-भरी आँखें
अब भी टिकी थीं
अपने गिरे हुए बाघ पर
कि अचानक उसे लगा

कि बाघ ज़रा हिला
अपने टुकड़ों के भीतर से तिलमिलाता हुआ उठा
और देखते-देखते
छलाँग लगा खिड़की से
चला गया बाहर

अब क्या किया जाए
मैं सोच ही रहा था
कि मुझे सड़क पर दिख गए
कवि त्रिलोचन

मैंने कहा-'शास्त्री जी,
बच्चा रो रहा है
कुछ तो करना होगा'

बोले-'चलो, ले आते हैं
दूसरा बाघ'
मैंने कहा-'नहीं, वह ज़िद पर अड़ा है
उसे चाहिए वही
और सिर्फ़ वही बाघ
जो कि टूटने से पहले वह था'

वे हिले
फिर उनकी आँखों में आ गई
एक अद्‌भुत चमक
बोले-'चलो, वही लाते हैं'

मैंने पूछा-'वही!
वही कहाँ मिलेगा?'
'मिलेगा'-उन्होंने कहा-
'कहीं न कहीं
किसी कुम्हार की आँखों में
होगा ज़रूर
जस का तस'

मैंने शक नहीं किया

हो लिया उनके साथ
तब से कितना समय बीता
हम अब भी चल रहे हैं
आगे–आगे कवि त्रिलोचन
पीछे–पीछे मैं
एक ऐसे बाघ की तलाश में
जो एक सुबह धरती पर गिरकर
टूट जाने से पहले
वह था।

उन्नीस

जब सूरज डूब रहा था
एक आदमी खड़ा था शहर की सबसे ऊँची
मीनार पर
और चिल्ला रहा था–
दोस्तो, यह सदी बीत रही है
बीत रहे हैं सारे पहाड़ और नदियाँ
और हाबड़ा का पुल
और हवाई जहाज़ के डैने
और बुनते हुए हाथ
और चलते हुए पैर
सब बीत रहे हैं
पर दोस्तो, हमें जीना होगा
जीना होगा बाघ के साथ
और बाघ के बिना भी जीना होगा

जीना होगा
जैसे पानी जीता है
जैसे पत्थर जीता है
जीना होगा

जीना होगा
रस्सी से झूलकर

बधस्थल से लौटकर
जीना होगा

समय
चाहे जितना कम हो
स्थान
चाहे उससे भी कम
चाहे शहर में बची हो
बस उतनी सी हवा
जितनी एक साइकिल में होती है
पर जीना होगा

जीना होगा
और यहीं
यहीं
इसी शहर में जीना होगा
इंच-इंच जीना होगा
चप्पा-चप्पा जीना होगा
और जैसे भी हो
यहाँ से वहाँ तक
समूचा जीना होगा

वह आदमी उस शहर में
जिस सब से ऊँची मीनार पर खड़ा था
वह असल में कहीं थी ही नहीं।

इक्कीस

मित्रो,
इस तरह ऋतु-चक्र पूरा हुआ
और चक्र में
सिर्फ़ एक गति होती है
जो चलती ही रहती है निरन्तर
चक्र के चक्र होने के विरुद्ध

अब इसमें बाघ आ गया
तो आ गया
उसका मैं कुछ नहीं कर सकता था
सिवा गोली मार देने के
और वह मुझे मंजूर नहीं था

क्योंकि उसका आना एक सूचना है
कि हवा अभी है
और पानी कहीं उसी तरह
बह रहा है

पर मित्रो, बाघ ही तो है
कहते हैं सदियों पहले
वह एक शाम आ गया था
वैयाकरण पाणिनि की भाषा की कुटी में

कोई टटका सूत्र
किसी पुरातन भोजपत्र की गन्ध से
उलझ गया था
जिसे सुलझाते हुए बैठे थे वे
कि बाहर सुनाई पड़ी
गुर्राने की आवाज़

वैयाकरण ऋषि के लिए
यह एक बिलकुल नई समस्या थी
क्योंकि उनकी स्मृति में जितने भी सूत्र थे
उनमें से किसी में वह आवाज़
अँटती ही नहीं थी

सो वे बाहर निकले
और बाघ की ओर उँगली उठाते हुए कहा
अशुद्ध!
एकदम अशुद्ध बोलते हो!

इसके बाद क्या हुआ

जनश्रुति यहाँ चुप है
पर उसमें एक बड़ा-सा छेद है
जहाँ से एक तेज़ गुर्राहट के
भाषा की उस कुटी में धीरे-धीरे डूबने की आवाज़
देर तक सुनाई पड़ती है...

अन्त में मित्रो,
इतना ही कहूँगा
कि अन्त महज़ एक मुहावरा है
जिसे शब्द हमेशा
अपने विस्फोट में उड़ा देते हैं
और बच रहता है हर बार
वही एक कच्चा-सा
आदिम मिट्‌टी-जैसा ताज़ा आरम्भ
जहाँ से हर चीज़
फिर से शुरू हो सकती है
फिर से खड़िया
ककहरा फिर से
फिर से गिनती सौ से शून्य की तरफ़
सूर्यास्त से धूपघड़ी की तरफ़
समय फिर से

यह 'फिर' भी
फिर से।

1984–95